AF377811

J. FLORANGE

LE CONVENTIONNEL

HENTZ

Député de la Moselle

METZ

Librairie SIDOT-VANNIÈRE

ULMER Successeur

10, Rue des Jardins, 10

1911

LE

CONVENTIONNEL HENTZ

Député de la Moselle

J. FLORANGE

LE CONVENTIONNEL

HENTZ

Député de la Moselle

METZ
Librairie SIDOT-VANNIÈRE
ULMER Successeur
10, Rue des Jardins, 10

1911

LE CONVENTIONNEL HENTZ

CHAPITRE PREMIER

LES PREMIÈRES ANNÉES. — DÉBUTS DANS LA VIE POLITIQUE

Nicolas Hentz naquit à Metz. Il fut baptisé à l'église Sainte-Segolène le 5 juin 1753. Son père était maréchal-ferrant, son grand-père et son bisaïeul aussi ; son oncle exerçait la même profession, d'autres parents étaient cordonniers.

Cette famille était fort nombreuse : ce qui explique la confusion faite dans les documents (1) entre Nicolas Hentz, le conventionnel, et Jean-Nicolas Hentz, un de ses parents, cousin germain de son père, qui

(1) E.-A. Bégin. Biographie de la Moselle. Metz, 1830, t. II, p. 319. — D' Hoefer, Nouvelle biographie générale. Paris, 1858, t. 24. — Dictionnaire des parlementaires français, publié sous la direction de MM. Adolphe Robert et Gaston Congny. Paris, 1899, etc., etc.

prit lui aussi, à Thionville, une part active au mouvement révolutionnaire.

D'après les registres de la paroisse Sainte-Segolène « l'an mil sept cens cinquante trois le cinq de juin Nicolas, fils de Jean-Jacques Hens dit Arnould, maître-maréchal, et d'Anne Nicolas, son épouse, de cette paroisse, est né et a été baptisé, a eu pour parain Nicolas Bévoy, messager de l'Intendant, et pour maraine Anne Caré, épouse de François Poincelet, cabartier, l'un et l'autre de cette paroisse, qui ont signé de ce requis selon l'ordonnance. »

Nicolas était le neuvième de 19 enfants ! Mais la plupart était mort en bas-âge. Son père marié deux fois, avait eu une fille du premier lit et dix-huit enfants du second.

Le surnom d'Arnould semble avoir été le nom patronymique primitif : nous trouvons un Jean Arnould, maréchal-ferrant, dont deux fils Jean et Nicolas Joseph, prirent le nom de Hentz ; le premier, maréchal-ferrant, est désigné dans les actes tantôt sous le nom de Jean Hentz, tantôt sous le nom de Jean Arnould.

Remarquons ici que le nom Hentz, Hens, Heintz, Hiens, corruption de Hans, Jean, est fréquent dans la Lorraine allemande : c'est un prénom devenu nom de famille. D'autre part, nous avons des raisons de supposer que le nom d'Arnould n'était pas oublié des Hentz, et nous verrons que dans une période difficile Nicolas Hentz prit précisément ce nom.

Nous savons peu de chose sur les premières années du conventionnel. Il faut constater cependant que malgré le grand nombre de ses enfants, le maréchal-

ferrant put faire donner à ses enfants une éducation
solide : deux des fils furent prêtres, Jean (1), ordonné
à Metz en septembre 1775 et François (2), le 24
septembre 1785. Nicolas fut destiné au barreau.
Bégin dit d'après l'Annuaire du département (3) qu'il
avait été commis des vingtièmes ; il est possible qu'il
ait accepté cette situation modeste pour couvrir en
partie les frais de ses études de droit. Il fut reçu
avocat au Parlement de Metz le 31 janvier 1780. La
biographie du Parlement de Metz ne donne que quelques lignes sur lui, mais nous avons un document de
cette époque qui nous montre que dès ses débuts,
Hentz sut tenir honorablement sa place au barreau.

Ce document est un mémoire (4) rédigé par lui dans

(1) Né à Metz, le 20 février 1750, curé de Saint-Baudier, 1776, de
Morville-lès-Vic de 1782 jusqu'à sa mort, 21 janvier 1806, il avait
quitté sa paroisse pendant la Révolution.

(2) Vicaire à Juvrecourt, près Moyenvic, 1785-1792. Rentré en
France après le Concordat, il est desservant de Juvrecourt, 1806,
prend sa retraite comme curé de Mulcey, où il mourut le 25 décembre 1841, à l'âge de 83 ans.

(3) Annuaire du département de la Mozelle pour l'an de grâce 1791,
Metz. In-18, p. 171.

(4) Précis pour le Sr Nicolas Hentz, marchand magasinier à Thionville, à cause de Christine Bayer, son épouse, tant à ses droits, qu'en
qualité d'héritière d'Anne Bayer, sa sœur, décédée au mois de mars
1777, Appellant et Demandeur ; contre Mathias Brauer, Maître boulanger, bourgeois de Thionville, Intimé et Défendeur : François
Salés, garçon boulanger: François Prévôt, comme ayant repris l'instance de défunt son mari Joseph Salés, ci-devant Admodiateur de la
Terre et Seigneurie de la Grange, Défendeur tant en son nom qu'en
qualité d'héritier de Barbe Salés, sa sœur, et comme ayant repris
l'instance en son lieu et place : M. Martin Dhermange, procureur à
la Cour, en qualité de Syndic des créanciers de Pierre Watrin, meu-
nier au Moulin-Rouge, près de Thionville, Intimés et Défendeurs :
Et en présence de Claude-Bernard Michard, Maître-Chirurgien-juré
aux Rapports en ladite ville de Thionville, Intervenant, Metz, chez
Joseph Antoine, Imprimeur du Roi et de Nosseigneurs de Parlement,
s. d. In-4°, 117 pp. Notre collection.

un procès au Parlement de Metz, où il plaidait pour un de ses parents, précisément ce Jean-Nicolas Hentz, avec lequel on l'a souvent confondu. L'affaire était compliquée. Jean-Nicolas Hentz, bourgeois et magasinier de Thionville, avait épousé dans cette ville le 21 août 1759 Christine Bayer, fille de feu François Bayer, bourgeois et maître boulanger, et d'Anne Salès. Cette dernière s'était mariée en deuxièmes noces en 1755 avec Mathias Brauer, qui de garçon boulanger devint à son tour maître boulanger et avec qui Jean-Nicolas Hentz était en procès depuis longtemps au moment où fut rédigé le mémoire dont nous parlons.

Entre autres griefs, Jean-Nicolas reprochait à Brauer de n'avoir pas doté sa belle-fille, Christine Bayer, lors de son mariage ; chose plus grave encore, il aurait fait disparaître « par des transactions artificieuses » la fortune laissée par Anne Salès (morte à Thionville le 22 juillet 1769) rendant ainsi stériles les revendications de Christine et de son mari ; puis il avait fait publier par son avocat Louis-Victor Daubrée (1) un mémoire injurieux contre Jean-Nicolas Hentz, alors que le procès était pendant au bailliage de Thionville.

Le 9 juillet 1781, d'après le mémoire de Hentz, Jean-Nicolas avait adressé une plainte au lieutenant particulier du bailliage contre Brauer et Daubrée. Il semble bien que Nicolas Hentz plaidait déjà pour

---

(1) Fils de Richard Daubrée, négociant à Longwy, et d'Anne Barthélemy, il naquit le 26 février 1753. Il était cousin germain de Richard Daubrée de Sierck.

son parent à cette époque d'après les termes mêmes employés dans le Mémoire.

L'arrêt rendu (1) par le Parlement de Metz le 6 février 1784, fut un beau succès pour l'avocat Hentz : Daubrée, avocat au bailliage de Thionville, était condamné, solidairement avec Brauer, à faire des excuses en pleine Chambre de la Tournelle pour son mémoire injurieux.

Le travail de Nicolas Hentz s'arrête là ; il doit donc être postérieur à l'arrêt, mais de peu de temps. Notre personnage s'y révèle comme avocat très habile, et surtout comme un écrivain de talent. Le style diffère absolument par sa clarté, sa précision, du « charabia » alors généralement employé au barreau En droit, le Mémoire est bien déduit, sobrement documenté, ce qui est encore un mérite.

Nous avons vu qu'il avait été reçu avocat au Parlement de Metz au début de l'année 1780 ; on le retrouve en 1783 sur la liste des avocats à ce même Parlement. Mais nous ne connaissons pas d'affaire suivie par lui devant cette juridiction. Il exerçait en 1786 au siège de Sierck.

Nicolas Hentz se maria vers 1785 avec Marie-Anne-Thérèse Daubrée, fille de Richard Daubrée et

(1) Arrêt de la Cour de parlement, Chambres des enquêtes-Tournelle, qui ordonne que les deux feuillets, numerotés 237, 238, 239 et 240, d'un Mémoire imprimé, seront lacérés à l'instant par un huissier de service ; condamne Mᵉ Louis-Victor Daubré, avocat à Thionville, et par corps, aux dépens des causes principales et d'appel, envers le sieur Nicolas Hentz, marchand-magasinier à Thionville, pour tous dommages-intérêts ; permet audit sieur Hentz de faire imprimer deux cents exemplaires dudit Arrêt, et de faire afficher cinquante des dits exemplaires, tant à Metz qu'à Thionville: le tout au frais dudit Mᵉ Daubré. Metz, chez Jean-Baptiste Collignon, Imprimeur, 1784, In-4° 7 pp. Notre collection.

de Catherine Tailfer, née à Sierck le 6 avril 1761. Nous n'avons pu retrouver son acte de mariage ni sur les registres de Sierck, ni à Metz, ni à Thionville. Mais le jeune ménage ne tarda pas sans doute à s'établir à Sierck : le 21 avril 1786 ils font baptiser (1) dans cette petite ville leur fils, Jean-Nicolas-Richard, né le 19 et ils y restèrent jusqu'en 1787.

Puis ils firent un court séjour à Thionville où naquit le 17 février 1789 une fille, Françoise-Constance-Eléonore, dite Fifine (2), et ensuite à Metz, où ils habitèrent rue de l'Esplanade, lorsque vint au monde Jean-François-Victor, né et baptisé paroisse Sainte-Croix, le 21 juillet 1790 (3).

Au commencement de la Révolution, Hentz semble avoir joué un rôle effacé, nous ne le trouvons pas aux assemblées primaires pour les États-généraux. Il était cependant porté le 31 janvier 1790 sur la liste des citoyens éligibles à l'administration municipale de la cité de Metz. Peut-être ne voyait-il dans les évènements considérables qui se déroulaient qu'un épisode normal de la vie de l'ancien régime. A la fin de 1790, ses idées avaient fait du chemin. Il posa sa candidature aux fonctions de juge de paix du canton de Sierck, et fut élu le lundi, 20 décembre, par

(1) Parrain et marraine : Nicolas Hentz, magasinier à Thionville, et Catherine Tailfer, sa grand'mère.

(2) Elle fut tenue sur les fonts baptismaux le même jour par Nicolas-Hubert-Odon Hentz et Françoise Hentz, ses cousin et cousine, tous deux enfants du magasinier.

(3) Parrain et marraine : François Hentz, prêtre vicaire à Juvrecourt, son oncle, et Marie-Anne Picart, épouse de M. Dumaine, directeur des domaines à Metz, représentés par Jean Henry, fils de Claude H., maître tonnelier à Metz, de la paroisse St-Marcel, et par Elisabeth Muller, demeurant sur cette paroisse, fille de François Muller, maître tanneur à Sierk.

l'assemblée primaire tenue dans l'Église des Récollets (1). Le 29 suivant il prêtait en cette qualité le serment civique devant les membres du Conseil général de cette commune (2). Les documents le citent : Nicolas Hentz, homme de loi, demeurant à Metz, présentement en cette ville (Sierck).

Son alliance avec la famille Daubrée, très estimée à Sierck, le recommandait à ses concitoyens ; d'ailleurs les candidats devaient être moins nombreux qu'à Metz et à Thionville. Un avocat de cette valeur était un bon choix pour les électeurs primaires de la petite ville, et comme on ne voulait pas dans ces fonctions nouvelles de juge de paix les anciens prévôts (3), on prenait des « hommes de loi », dont les études présentaient des garanties.

Il ne semble pas qu'à ce moment l'élection de Hentz aux fonctions de juge de paix ait eu une signification politique, malgré les pouvoirs étendus que la Constitution de 1790 lui accordait. Mais notre personnage se mit bien vite dans le mouvement ; il s'affirmait déjà comme un révolutionnaire avancé. Des émigrants assez nombreux passaient par Sierck, se rendant en Allemagne, par l'Electorat de Trèves : l'Assemblée avait décrété contre eux des mesures de rigueur. Notre juge de paix montra du zèle, surveilla les suspects, les fit arrêter. En même temps

(1) Pièce manuscrite in-folio. Notre collection.

(2) Arch. municipales de Sierck. Rég. BB. 5 p. 218 vo.

(3) Adrien-François-Alexandre Daubrée, conseiller du roi, lieutenan civil et criminel au bailliage à Sierck, fut le dernier prévôt de Sierck (1785-1790). Il était le frère de l'avocat Louis-Victor D., dont nous avons déjà parlé.

on faisait l'inventaire des biens du clergé (1). Un parti révolutionnaire actif, ardent, se formait, subissant déjà l'ascendant de Hentz, qui ne devait pas tarder d'ailleurs à se mettre personnellement en avant. Cette activité, cette ardeur révolutionnaires se voient bien dans les documents de l'époque.

Le 3 septembre 1791 communication au directoire de Thionville : « Une délibération de la ville de Sierck du 18 juillet 1791 dénonçant le s^r Maringer, colonel, « Mazaret, Perrot et Schreck, composant l'état-« major de la garde nationale, pour avoir manqué à « MM. Jolivalt (2), maire, et à Terver, officier muni-« cipal, et leur avoir dit que tant que la municipa-« lité ne se réuniroit pas à la garde nat. tout irait « mal, leur avoir tenu d'autres mauvais propos que « l'on ne caractérise pas ».

« Le 7 octobre 1791 le district de Thionville, vu « la lettre de Jolivalt, maire de Sierck, en date du 6 « octobre, par laquelle il annonce l'envoi de 2 offi-« ciers du 12e rég^t. des Chasseurs, ci-devant Picardie, « et d'un dragon du même rég^t. et vu le procès-« verbal de leur arrestation dressé par la municipa-« lité dit que MM. de St-Gemme et Baudry se « proposaient de sortir du royaume et qu'ils emme-« naient un chasseur dudit bataillon avec eux » décide qu'ils soient envoyés devant M. de Plantain,

---

(1) Benoit (Arthur), dans son travail sur les Bibliophiles des Trois-Evêchés, p. 240, confond notre Hentz avec son cousin de Thionville.

(2) François-Stanislas Jolivalt, notaire à Sierck, fut nommé maire, en remplacement de François de Schonen, le 21 février 1791. Il mourut dans les prisons de Thionville, le 14 octobre 1793. J.-H. Haas avait été élu maire à sa place le 9 décembre 1793.

maréchal de camp, commandant divisionnaire dans le district de Thionville (1).

Le 7 octobre 1791 le maire de Sierck écrit une lettre au vice-président par laquelle il annonce l'arrestation d'un petit bâteau contenant différents effets et notamment des selles et autres équipements de chevaux de monture, la plupart portant les armes de France, et de l'or et de l'argent, en plus 2 passe avants visés par le s^r Querengat adressés à Mr de Vergennes, plénipotentiaire de France à la Cour de Coblentz (2) et à M. le baron de Dominique, attaché à la même Cour par le s^r Demaidy, hôtelier à l'enseigne du Palais-Royal à Metz.

Le 14 octobre 1791 une lettre de la municipalité de Sierck aux députés de la Moselle nous apprend qu'on avait arrêté dans cette ville plusieurs officiers déserteurs et un chasseur, en possession desquels on avait saisi des effets paraissant provenir du garde-meuble (3).

Le 27 octobre 1791, Jolivalt annonce : 1° la désertion de cinq dragons du poste de la ville avec armes et bagages ; 2° celle de quatre soldats du 2e rég^t. ci-devant Picardie, et il ajoute qu'à Perl et à Besch il se trouve des embaucheurs lesquels envoyent des cartes. Deux de ces derniers avaient été arrêtés le 7 octobre et escortés à Thionville.

(1) Registre des délibérations du district de Thionville. — Moniteur universel. Réimpression, t. X, p. 120 et 128 et XI, p. 502.

(2) Reynaud (J.), Vie et correspondance de Merlin de Thionville, Paris, 1860, p. 21 ; Procès-verbal de la commune de Sierck constatant la saisie d'un bateau chargé d'objets d'équipements militaires à l'adresse de M. de Vergennes, à Coblentz, etc., etc.

(3) Archives parlementaires de 1787 à 1860, vol. XXXIV, p. 236.

Cependant les occupations professionnelles n'empêchaient pas Hentz de mettre en œuvre son talent d'écrivain. Le juge de paix faisait son devoir très activement ; mais pour un homme décidé à arriver, c'était une situation bien obscure. Il écrivit des brochures révolutionnaires, et, le 8 décembre 1791, il faisait hommage à l'Assemblée législative d'un ouvrage « composé pour prévenir les habitants des campagnes contre le fanatisme ». L'Assemblée envoya cet ouvrage au Comité d'instruction publique pour en faire rapport (1).

La famille de Hentz ne le suivait pas dans ses idées ; ses frères prêtres n'avaient pas prêté le serment civique. Son beau-père, Richard Daubrée, « témoignait une espèce d'amertume contre la Révolution, et même contre la Constitution », il refuse formellement de se faire inscrire au registre de la Garde nationale (2) ; bien mieux : il attaqua l'administration municipale de Sierck, et fut l'un des premiers à signer une pétition adressée à l'Assemblée législative en faveur des Récollets et des Chartreux, qui recueillit à Sierck un grand nombre d'adhésions.

Cette affaire est un épisode curieux d'histoire locale ; elle montre sous un véritable jour la Révolution dans cette région.

Les Chartreux possédaient comme dépendance de leur couvent de Rettel, d'assez grandes étendues de terres. La loi sur les biens nationaux ayant mis sous

(1) Archives parlementaires de 1787 à 1860, t. XXXV. (Paris 1890). p. 657. — Procès-verbaux du Comité de l'Instruction publique de l'Assemblée législative.

(2) Arch. municipales de Sierck. Reg. 9 des délibérations, p. 69ᵛᵒ. (Janvier 1792.)

séquestre leurs propriétés, ils sollicitèrent la permission de tenir à bail, jusqu'à la vente, les terres qu'on leur avait confisquées, et, subsidiairement, la faculté d'acheter, au prix fixé par arbitres, les grains nécessaires pour leur subsistance et leurs aumônes, provenant des récoltes sur ces mêmes terres. Leur pétition (1), adressée au directoire de Thionville, avait été mise en délibération le 20 janvier 1792 et rejetée.

Les Récollets de Sierck, ordre mendiant, dont la maison-mère était à Cologne, assuraient depuis long-temps l'éducation primaire des enfants de Sierck et de ses environs, Mais on leur avait toujours reproché d'être des *étrangers* ; ils avaient donné lieu à un nouveau grief en refusant le serment civique. Chose curieuse, le directoire de Thionville, le même jour où il rejetait la demande, pourtant modérée et raisonnable, des Chartreux de Rettel, consentait à continuer aux Récollets le traitement qu'on leur allouait pour l'enseignement public à Sierck.

On s'expliquerait mal deux décisions aussi contradictoires, si on ne remarquait les difficultés de la situation : on manquait de grains et d'instituteurs. La crise des subsistances se dessinait déjà dans toute la France ; il était naturel de conserver les grains et les terres des Chartreux. Mais d'un autre côté, comment remplacer, au pied levé, les Récollets par des instituteurs dignes de ce nom ? D'autant plus que ces moines avaient, tout au moins comme instituteurs, conservé la confiance d'un grand nombre d'habitants, qui, avec Richard Daubrée, Maringer de Thorn, Mengès, etc., tous citoyens actifs de Sierck,

(1) Archives nationales, F*19/453.

avaient signé la pétition en leur faveur envoyée à l'Assemblée législative.

La brochure de Hentz sur « le fanatisme » est donc le résultat des observations qu'il avait faites à Sierck ; mais c'était aussi une déclaration de guerre à laquelle avait répondu la pétition. C'était comme le manifeste des partisans de l'éducation civique contre les efforts, la propagande du clergé non assermenté. D'autres congrégations résistaient également, les Religieuses de Rustroff, entre autres. La population se partageait donc en deux camps. Jean-Baptiste Charlemont, commandant de Sierck, capitaine du 2e bataillon des Volontaires de la Meurthe (1), président de la Société des Amis de la Constitution, établie à Sierck, et Maurice André, secrétaire, se déclaraient prêts (2), le 6 février 1792, à fonder un club (3). Une salle de l'hôtel de ville fut mise à leur disposition.

Telle était la situation, lorsqu'une occasion se présenta pour Hentz de se mettre en vedette ; il en profita habilement et c'est de ce moment que date sa véritable entrée dans la vie politique.

On arrêta à Basse-Contz, presque en face de Sierck, le 14 février 1792, trois individus suspects de correspondance avec les émigrés. Le premier Hubert

---

(1) Voyez, au sujet de la conduite scandaleuse de ces Volontaires arrivés à Sierck vers la fin de septembre 1791, le travail intéressant de M. H. Poulet : *Les Volontaires de la Meurthe aux armées de la Révolution*. Paris et Nancy, 1910, p. 191 et 196.

(2) Conformément à l'article 14 du titre Ier de la loi du 22 juillet 1791.

(3) Arch. municipales de Sierck. Reg. 9 des délibérations, B, p. 74 et suiv. — *Détail adressé à la Société des Amis de la Constitution de Nancy, sur l'arrestation de trois Émigrés fraçais, aux environs de Sierck ; d'un complot de contre-révolution et d'autres écrits dont ils étaient porteurs. Sierck, le 20 février, l'an 4 de la Liberté.* l. n. d., in-8, 11 pp. Notre collection.

de Lassaulx (1), le second Jean-Baptiste-Charles-André-Hyacinthe de Chappes de la Henrière aîné (ci devant receveur des finances et capitaine gouverneur d'Étain) (2), le troisième individu se donnait comme domestique de Chappes.

Lassaulx était le frère de Pierre-Ernest de Lassaulx, capitaine d'une compagnie d'invalides détachée à Sierck, puis à Marsal, et lui-même avait été brigadier des Gardes-du-Corps du Roi, c^{ie} de Villeroi, chevalier de St-Louis. Il s'était retiré à Berg (duché de Luxembourg) près Nennig avec pension et décoration militaire.

Les circonstances de cette arrestation parurent illégales au parti réactionnaire. Hentz et avec lui le conseil général de Sierck se sentant menacés, prirent les devants ; le 16 février (3), le Conseil municipal vota l'envoi d'une députation à l'Assemblée, composée de Hentz, juge de paix, et Jolivalt, maire, pour aller justifier les mesures prises (4), et remettre en même temps une pétition d'un certain nombre de citoyens de Sierck au sujet du clergé. Cette pétition deman-

(1) Fils de François-Gaspard de L., $seig^r$ de Berg (en face de Remich-surMoselle), et d'Irmine-Cath. de Rumling, né au château de Berg et baptisé à Nennig le 23 janvier 1736, nommé en 1789 pour le bailliage d'Etain à l'Assemblée générale des Trois-Ordres, il fut amené avec d'autres prisonniers d'Orléans, où il avait été incarcéré, à Versailles pour comparaître devant la Haute Cour nationale et égorgé à son passage rue de l'Orangerie le 9 septembre 1792. Un membre de la famille de Lassaulx, originaire de Briey, était venu s'installer au xviie siècle à Sierck.

(2) Il fut massacré à Versailles avec de Lassaulx. Sa femme Marie-Pélagie-Joseph Fruit était morte à Metz, par. Saint-Simplice, le 2 septembre 1791, âgée de 50 ans. (Poirier, *Metz, Documents généalogiques.* — Petit-Baroncourt. *Histoire de la ville d'Etain*, p. 101.)

(3) Archives municipales de Sierck. Reg. 9 des délibérations, p. 77.

(4) Hentz emportait les papiers saisis sur les trois individus arrêtés.

dait à l'Assemblée d'inviter le Directoire du département à faire observer la loi relativement aux moines
et réclamer l'église des Récollets pour servir de
paroisse en remplacement de l'ancienne église parois-
siale qui tombait en ruines.

Le voyage devait se faire aux frais des patriotes ;
la liste de souscription est annexée à la délibération.
Hentz donne 3 livres Jolivalt 48, Ostome 5 (1), etc.

On voulait leur adjoindre un troisième député,
C.-J. Mathieu, l'un des capitaines du 2ᵉ bataillon des
volontaires de la Meurthe, en garnison à Sierck ; mais
Mathieu refusa, malgré les insistances de ses volontaires, en disant que sa place était à la frontière pour
défendre la patrie (2).

Les communes envoyaient ainsi des députations
près des législateurs pour se maintenir en contact et
affirmer leur civisme ; les fonctionnaires, les chefs de
club briguaient vivement cet honneur. C'était un
moyen de se mettre en avant, de justifier sa conduite
devant l'Assemblée souveraine ; on revenait près de
ses concitoyens avec l'auréole des succès oratoires à
la barre, et enfin, surtout, on nouait des intrigues à
Paris, on y faisait des rencontres, des connaissances
utiles.

Le 28 février, à la séance du soir, les députés de

(1) Ostome en qualité de receveur du bureau des douanes de
Sierck, suivant sa commission provisoire datée de Metz du 18 mai
1791, souscrite par M. Auberon, directeur et receveur général des
douanes nationales au département de Metz, prête le serment le
30 mai 1791 par devant les officiers municipaux de Sierck. D'autres
employés des douanes font de même le 8 juin suivant. (Arch. municipales de Sierck. Reg. 9 des délibérations de l'hôtel de ville de Sierck
du 2 avril 1791 au 4 août 1793, p. 9 et 11).

(2) Arch. municipales de Sierck. Reg. 9, p. 79.

Sierck qui s'étaient mis en route dans la nuit du 17 février, sont admis à la barre de l'Assemblée (1), Hentz fit un récit pompeux (2) de l'arrestation dans lequel il ne s'oublia pas ; il avait quelque peu sauvé la patrie, lui aussi.

Pour la première fois, il trouvait l'occasion de se produire sur la grande scène politique ; il fit un discours habile, où sous l'emphase peut être voulue des périodes on sent le maître familiarisé avec toutes les ressources de l'art oratoire.

Très à son aise, se sentant enfin devant un auditoire digne de lui, il parlait non comme un modeste pétitionnaire, mais avec autant d'autorité que s'il eût été membre de l'Assemblée.

La tâche était ardue : transformer un minime incident de frontière en une affaire d'État ! L'orateur y parvint cependant, et son succès fut très vif. Nous citerons les passages saillants de ce discours, parce qu'il marque une étape importante dans la vie de notre personnage.

Après avoir donné rapidement l'analyse des papiers saisis sur Chappes et Lassaulx, il formule son opinion : « la combinaison de toutes ces lettres présente pour résultat qu'il y a à Metz un foyer de conspiration, qu'il s'y fait un rassemblement de ci-devant nobles, qu'il y a une correspondance liée entre nos ennemis armés et cantonnés depuis Coblentz, Trèves jusqu'à trois lieues de Sierck et ceux qui travaillent sourdement à Metz ».

(1) Archives parlementaires de 1787 à 1860, t. XXXIX, p. 167, 183 et pages suivantes. — Journal de Paris, 1er mars 1792, p. 247.

(2) Bégin. Biographie de la Moselle, II, p. 319.

D'après Hentz cette correspondance émane certainement de militaires, circonstance aggravante.
Mais il y a mieux, et l'orateur, en tacticien consommé,
va produire maintenant des révélations plus importantes, au moment où l'attention lui est déjà ac-
quise : « Mais, Messieurs, deux pièces surtout
« doivent fixer votre attention. La première est un
« pacte fédératif dressé à Coblentz et signé par plus
« de 200 ci-devant gentilshommes du Barrois et des
« Trois-Évêchés avec indication du nom des chefs
« de ces gentilshommes. Ce pacte porte qu'il sera
« fait un état de tous les gentilshommes lorrains
« armés pour la bonne cause, que le vœu de la no-
« blesse est de mourir plutôt que de consentir à la
« destruction de la religion (rires), de la monarchie
« et des droits imprescriptibles de la famille royale,
« enfin qu'il sera nommé deux commissaires pour la
« représenter auprès de Monsieur frère du roi. La
« seconde est une lettre circulaire qui invite le por-
« teur, c'est-à-dire le sieur de Chappes à faire sous-
« crire ce pacte par ceux qui sont encore restés dans
« les provinces des Trois-Évêchés, de Lorraine et de
« Barrois et à renvoyer leur adhésion à Coblentz.
« Cette lettre porte : « Prière de la faire signer.... ».
Puis, une très courte déclaration, qui semble ano-
dine, mais qui répond nettement à ceux qui auraient
accusé le juge de paix d'avoir été « jusqu'à l'illéga-
lité » : Un autre paquet contenait les papiers du sieur
« de Schappes, ses brevets, le détail de ses affaires, peut-
« être aussi des mystères importants. Je n'ai pas cru
« devoir y porter ma curiosité encore moins les livrer
« aux regards du public. J'ai remis tous ces papiers

« sous une enveloppe sur laquelle j'ai apposé le cachet
« du sieur de Schappes pour être joint au procès-
« verbal et être statué à cet égard ce qu'il conviendra
(applaudissements). »

Et voici enfin le passage capital qui montre avec
quelle habileté Hentz a su saisir l'occasion qui se présentait : « Jusque là, je n'avais vu dans la résistance
« des sieurs de Schappes et de Lassaux qu'un délit de
« police correctionnelle, mais à la lecture de cette
« trame criminelle contre la nation, j'ai pensé qu'il
« importait au salut de la France de donner un mandat
« d'arrêt contre ces trois personnes qui ont été trans-
« férées en la maison d'arrêt près du tribunal du
« district de Thionville. J'ai donné copie des pièces
« et de mes procès-verbaux à M^r le commissaire du
« roi ».

« Le lendemain nous nous sommes transportés à
« Metz, nous avons nous-mêmes instruit M^r La
« Fayette de ce qui se tramait et nous avons averti la
« municipalité du danger qui menace la ville. Le
« procureur de la commune nous a prié de déposer à
« la municipalité les minutes des lettres non signées
« pour tâcher d'en découvrir les auteurs. Nous les
« avons déposées et il nous en a donné acte et expé-
« dition ».

La fin du discours nous renseignera surtout sur
l'évolution politique de notre personnage ; on y sent
poindre la méthode de la Convention ; après s'être
justifié, après s'être mis en avant comme un sauveur,
il accuse, et c'est déjà un montagnard qui parle :
« Ah ! Messieurs, il y a des traîtres parmi nous qui
« les protègent ; ils se vantent d'être d'intelligence

« avec les corps administratifs. Les impudents, ils
« osent porter l'audace jusqu'à calomnier nos augustes
« représentants et publier pour nous alarmer, qu'il
« en est parmi eux qui les favorisent.

« D'autre part, nos directoires de département et de
« district soutiennent et paient un couvent de moines
« mendiants étrangers qui dépendent d'une maison de
« Cologne, près Coblentz, et qui sont domiciliés à
« Sierck. Cependant les décrets leur refusent tout droit
« à une pension. Ces moines abusent de la crédulité
« du peuple, vont dans tous les environs prêcher la
« contre-révolution et la guerre, épouvanter les culti-
« vateurs et les habitants des villes par l'affreuse
« image d'une Saint-Barthelémy dont les patriotes
« doivent être les victimes. Ces citoyens vous adres-
« sent une pétition à ce sujet. Ils demandent que le
« Directoire du département de la Moselle soit tenu
« de se conformer aux lois envers les Chartreux, cesse
« de les payer et accorde à la ville de Sierck leur
« emplacement et leur église pour servir de paroisse,
« au lieu de celle qu'elle a qui ést malsaine et tombe
« en ruines. La municipalité de Sierck de concert
« avec les bons citoyens, nous ont député vers l'As-
« semblée nationale pour la prévenir du délit commis
« contre la sûreté de l'État, solliciter le remède aux
« malheurs qui les affligent et lui porter l'hommage
« de leurs sentiments, les voici :

« Un peuple simple, mais fier, habite nos contrées.
« Jamais, Messieurs, non jamais, il ne courbera la tête
« sous le joug du despotisme. Nous préférons une
« liberté orageuse à une vile tranquillité (on applaudit).
« On veut nous faire égorger, en provoquant, en semant

« les discordes, en soulevant contre nous des armées
« étrangères ; mais nous resterons unis, car nous
« savons que le peuple qui nous avoisine ne soupire
« qu'après le moment où il pourra secouer le joug et
« vivre libre comme nous (on applaudit). Nos enne-
« mis accumulent l'or et l'argent... Eh bien ! qu'ils
« périssent avec leur or ; l'or n'a jamais nourri les
« hommes, il les a toujours corrompus (on applaudit
« à plusieurs reprises)... Courage, généreux législa-
« teurs, vous êtes environnés de périls et de perfidie,
« mais le cœur de l'État, mais un peuple immense se
« rallie autour de vous pour soutenir votre gloire
« qui est la sienne. Nous jurons de vivre libres. Les
« piques, les fourches nous serviront de rempart
« contre nos ennemis ; ils n'entreront dans la France
« qu'après nous avoir tous détruits (les applaudissements recommencent.) »

A ce discours très applaudi, le Président de l'Assemblée fit une réponse significative : « Les circons-
« tances où nous nous trouvons commandent à tous
« les citoyens français la vigilance la plus active et la
« plus soutenue pour prévenir et déconcerter les
« menées perfides des ennemis de la Constitution.
« Lorsqu'ils sont assez heureux pour *concilier ce que*
« *ce sentiment leur prescrit avec les lois protectrices de*
« *la liberté*, ils méritent les reconnaissances de la
« patrie ».

« L'Assemblée prendra en considération les faits
« que vous venez de lui dénoncer : elle vous invite à
« assister à la séance (applaudissements). »

Puis Hentz et Jolivalt traversent la salle au milieu
des applaudissements de l'Assemblée. Un membre,

Morisson, demande alors l'inscription au procès-verbal des noms des pétitionnaires, et le renvoi des pièces au Comité de surveillance « afin qu'il propose « à l'Assemblée des mesures sur chacun des faits « énoncés dans la pétition ».

L'Assemblée rendit immédiatement un décret dans ce sens.

Son discours fut imprimé dans les procès-verbaux de l'Assemblée législative du mardi soir, 28 février 1792, et le Moniteur en fait mention (1). C'était le commencement de la gloire.

De retour à Sierck, Hentz, en compagnie de Jolivalt, rendit compte le 11 mars de sa mission à l'Assemblée municipale. Il mit sur le bureau un extrait du procès-verbal de la séance de l'Assemblée législative du 28 février, dont le texte devait être agréable à ses auditeurs. Il y est déclaré que les habitants de Sierck ont fait en cette occasion preuve de patriotisme, que les moines n'ont pas réussi à propager leur fanatisme, etc., etc. (2).

Les efforts de Hentz et de ses partisans contre le « fanatisme » furent d'ailleurs couronnés de succès ; dans une délibération du 17 mars le Conseil général de Sierck constate que « le peuple a vu fermer (3) l'église des Récollets sans murmurer ; ce qui n'aurait pas été possible il y a trois mois, et cela, grâce au patriotisme des autorités », etc.

Mais, si c'était l'avis du Conseil municipal, toute la population ne le partageait pas, puisque dès le 14 mars

(1) Le Moniteur An I, p. 61.
(2) Arch. municipales de Sierck. Registre des Délibérations 9 p. 84vo.
(3) Par décret du 28 février 1792.

une pétition de trente citoyens était adressée à l'Assemblée législative pour protester contre l'arrestation de Lassaulx et Chappes (1). En même temps les protestataires, à Sierck même, menaient contre Hentz une vive campagne ; il se justifia, le 17 mars, devant le Conseil municipal de Sierck et une délégation des communes du département de la Moselle. Mais le 26 mars, nouvelle alerte à la municipalité : un membre dépose un numéro du Journal des Débats (2) qui fait mention de la pétition susdite, et on demande à Hentz de nouvelles explications. Ce dernier triompha assez facilement et on peut croire que le « membre » était un interpellateur complaisant ; il obtint des éloges, qui paraissent dictés par lui ; au registre d'ailleurs la page paraît être de son écriture (3). N'est-ce pas l'habitude des hommes de loi de déposer des « conclusions » qui, adoptées par le juge, deviennent le jugement ?

« L'Assemblée, profondément affligée que la ville « de Sierck a pu *réunir* des hommes assez pervers « pour adresser à l'Assemblée nationale une pétition « dans laquelle ils outragent la vérité et leur cons-« cience et avancent que le maire de la ville et le « juge de paix du canton, ses députés, ont fait un « exposé calomnieux de l'arrestation des s^rs Chappes « et Lassaulx (4), ont violé les loix et commis les infi-« délités les plus révoltantes. »

(1) Archives parlementaires de 1787 à 1860, t. XXXIX, p. 688.

(2) Journal des débats et des décrets de l'Assemblée nationale. Paris, in-8°

(3) Arch. municipales de Sierck. Reg. 9 des délibérations, p. 90vo.

(4) Décret d'accusation de l'Assemblée nationale du 14 mars 1792 contre Chappes et Lassaulx. Paris, Imprimerie royale 1792, 3 pp. in-4°. Notre collection.

« Considérant qu'en diffamant aussi odieusement
« ses députés, c'est diffamer la ville même.

« Frappés de l'impudence qui accuse l'officier de
« police d'avoir *violé toutes les loix*, tandis que ses
« opérations ont été publiques, faites en présence de
« la municipalité, d'une foule de spectateurs, sont
« souscrites des prévenus avoués par eux dans leur
« mémoire.

« Indignés que les signataires de la pétition dont
« les uns sont non actifs, les autres des cÿ devant
« tous des odieux aristocrates ayant osé se qualiffier
« notables citoyens de la ville de Sierck, usurper
« un titre qui n'appartient qu'à de bons patriotes
« depuis la mention honorable énoncée au procès-
« verbal de la séance du 28 février dernier comme
« si l'idée de notables, de bons citoyens, pourroit
« se concilier avec l'imposture de gens qui s'inté-
« ressent traitreusement aux ennemis de la patrie.

« Arrête le procureur de la commune oui que la
« qualification de *notables habitans de la ville de
« Sierck* est une flétrissure, une dénomination hon-
« teuse, que les citoyens patriotes de cette ville pren-
« dront dorénavant le titre d'*hommes libres*. Arrête
« en outre que la présente délibération sera adressée
« à l'Assemblée nationale en la suppliant de lui livrer
« la pétition des notables habitans de la ville de
« Sierck pour être pris contre ceux qui sont souscrits,
« les mesures de réparation que les loix autorisent. »
Suivent les signatures de Jolivalt, maire, C. Terver,
Watry, N. Bettinger, J.-H. Haas, François Pacquet,
François Boler, Pauly, etc. Les citoyens prendront
donc le titre « d'hommes libres ». Voilà un exemple

topique de phraséologie révolutionnaire ; mais, derrière ces phrases qui nous font sourire, il y avait
l'intention arrêtée de faire table rase de tout le passé ;
on voulait, en supprimant les titres, supprimer
toute l'ancienne organisation. Les réactionnaires
étaient d'ailleurs peu délicats sur le choix des moyens :
le 28 mars des individus avaient, pendant la nuit,
souillé d'ordures les panonceaux de notaire et recou-
vert d'une peinture noire les insignes municipaux et

les armes de la
ville sur le balcon
de la maison de
la Commune et
les volets de quel-
ques citoyens. Le
Conseil général
chargeait son pro-
cureur de recher-
cher ces « mal-
veillants » (1).

Les débuts étaient donc difficiles ; à Sierck, deux
camps bien tranchés, dont l'un semblait soutenir
assez mollement le juge de paix, tandis que l'autre
l'attaquait activement et habilement. A Paris, la
pétition avait produit son effet : le 8 avril l'Assemblée législative s'en occupait de nouveau, et un
membre posait une interpellation à ce sujet. La municipalité s'était solidarisée avec Hentz ; la pétition
l'accusait en même temps (2). Le fait n'était pas rare,

(1) Arch. municipales de Sierck. Reg. 9 des délibérations, p. 91 vo.
(2) Archives parlementaires de 1787 à 1860, vol. XLI, 363.
Demande relative à une pétition contre la municipalité et le juge de
paix de Sierck.

cependant : à cette époque, les autorités constituées étaient l'objet de plaintes incessantes, et les Comités de l'Assemblée législative avaient fort à faire.

Hentz se multiplia, fit front de toutes parts.

Le 8 avril, au moment même où l'Assemblée législative s'occupait de nouveau de lui, il prononçait un discours au Club patriotique de Thionville (1) pour remercier la veuve et les enfants de Jean-Nicolas Hentz (2) de leur patriotisme. En même temps, il racontait les difficultés récentes, les protestations à Sierck à propós de son voyage à Paris, les intrigues contre l'établissement de la Société des amis de la Constitution, etc. (3). L'orateur, se défiant de son improvisation, avait préparé par écrit ce discours, qu'il lut devant ses auditeurs.

Les événements se précipitaient : le 20 avril 1792 la guerre avait été déclarée par l'Assemblée à l'Autriche ; mais les premières hostilités furent peu favorables. Malgré d'assez nombreux enrôlements, l'armée française n'était pas suffisamment organisée. La région voisine des frontières d'Allemagne fut naturellement celle qui eut le plus à souffrir.

Le 26 mai, la ville de Sierck est déclarée en état de siège (4) ; les pouvoirs de la municipalité, ceux du juge de paix, subissaient de ce fait des restrictions très grandes, puisque l'autorité militaire devait seule

(1) Devenu Société des Jacobins de cette ville depuis le 20 juillet 1792.

(2) Hentz, maire de Thionville (1790-1792), décédé le 22 mars 1792.

(3) Rég. des délibérations du Club patriotique de Thionville. Arch. municipales de Thionville.

(4) Archives parlementaires de 1787 à 1860, vol XLIV, p. 132.

assurer l'ordre dans la ville. Des froissements se produisirent presque aussitôt. Dans le cours du mois de juillet, le Conseil général de la commune, délibé-rant sur la situation avait voté une adresse au district de Thionville, où il s'exprimait en termes fort durs sur le général de Wimpfen, qui commandait les troupes françaises sur les frontières. On accusait ce général de retenir les grains destinés à l'approvision-nement de la ville ; de négliger la position impor-tante qui dominait la ville (l'ancien camp de Villars sur l'Altenberg), enfin de ne pas accorder à Sierck et Rodemack une augmentation de garnison.

Wimpfen répondit le 27 juillet par une lettre adressée au district de Thionville, où il relève très sèchement la prétention de la municipalité de s'oc-cuper de choses militaires : « tout le monde veut s'én mêler, dit-il ; les dispositions que j'ai prises m'ont été commandées par une autorité supérieure à la mienne, qui connaît l'ensemble du plan de défense de la France. »

Quant aux grains, Wimpfen avait fourni au maire tous les moyens nécessaires pour les réquisitionner et les enlever. Mais Jolivalt n'en avait pas fait usage ; ses plaintes étaient donc mal fondées.

Il faut bien reconnaître que Wimpfen avait raison. Sierck ne pouvait pas arrêter l'ennemi ; l'enceinte da-tait du moyen âge ; le château ducal démoli en partie et transformé à la Vauban, était bien perché au-dessus de la ville, mais dominé lui-même par l'Altenberg. Lafayette, qui commandait en chef, et les membres du Comité militaire de l'Assemblée, en étaient si bien convaincus, qu'ils avaient jugé inutile d'y immobiliser une garnison. Dès le 17 octobre 1791, Alain (1), capitaine de la Compagnie d'invalides, commandant à Sierck, constatait (2) l'extrême faiblesse de la garnison et des moyens de défense : 200 hommes d'infanterie et 4 pièces de canon ! Lui aussi parlait du camp de Villars ; mais Wimpfen ne disposait pas de forces suffisantes pour l'occuper (il dit dans sa lettre du 27 juillet qu'il faudrait 30.000 hommes pour garnir et défendre une frontière non fortifiée).

Cependant, dès la fin de juillet 1792, 4 compagnies du bataillon des volontaires de Seine-et-Oise logeaient aux environs de la ville ; le Conseil général continuait à fatiguer le district de ses récriminations et Wimpfen de ses avertissements : on écrit au général pour l'informer des dispositions prises par l'ennemi (comme si son service de reconnaissance n'existait pas).

Que devenait Hentz au milieu de ce tumulte ?

Nous le retrouvons le 5 août 1792, envoyé de nouveau en mission par ses concitoyens (3) ; mais cette fois c'est auprès du général Lafayette (4) que

(1) Nicolas-Étienne Alain, chevalier de Saint-Louis, nommé le 1ᵉʳ janvier 1792 commandant des ville et château de Sierck, comme étant breveté du grade de capitaine depuis 1759 et le plus ancien officier des troupes de ligne en garnison à Sierck.

(2) Copie du temps de la lettre adressée au général de Bellemont (François de Vachon de Briançon, mⁱˢ de Belmont, commandant de la 3ᵉ division militaire à Metz). Notre collection.

(3) La municipalité de Sierck annonce le même jour, 5 août 1792, au district de Thionville que l'ennemi construit deux chemins depuis le pont de Contz (Contzerbruck près Trèves) jusqu'à Merzig (Reg. des délibérations du district de Thionville aux Archives de la Lorraine à Metz).

(4) Nous avons vu que dès le 15 février, Hentz avait attiré l'atten-

SIERCK VERS 1792.

la municipalité a décidé d'envoyer quatre officiers municipaux et le juge de paix, pour « lui faire connoitre la fausse démarche des contrerévolutionnaires, amis et frères des prêtres réfractaires et protecteurs des moines séditieux et incendiaires » (1).

Ces « individus » étaient entrés en correspondance avec les princes français émigrés qui accompagnaient l'ennemi. Ces princes avaient dressé une liste de 33 personnes qu'on devait emmener prisonniers ; Hentz figurait naturellement en bonne place sur cette liste.

La ville de Sierck ne pouvant faire aucune résistance, le 11 août à l'aube du jour les Prussiens surprirent sa garnison (2), y entrèrent et la mirent au pillage. La compagnie de volontaires de Seine-et-Oise, qui ne put à temps se replier sur Thionville, fut dispersée ainsi que sept dragons. Une troupe de huit cents hommes environ, tant cavaliers que fantassins, sous les ordres du Prince de Hohenlohe, parcourent les rues, brisant les palissades, tuant sur place Georges Le Secq de Crépy (3), blessant à mort

tion du général Lafayette sur « ce qui se tramait » à Sierck et aux environs.

(1) Arch. municipales de Sierck. Reg. des délibérations 9.

(2) Plan des Ueberfalls bey Sierck 1792, gest. v. J. W. Schleuen aufgenomen durch d. Ing. Lieut. Thinckel, n° 8 der Herausgabe des Ing. Lieut. v. Humbert. in-4° colorié. Ministère de la Guerre. Grand Atlas, n° 179, pl. 2.

(3) « Lors de l'entrée des prussiens en cette ville a été trouvé tué par iceux Georges Leseque Crepy, visiteur de la Douane nationale à Sierck, époux de dame Catherine Damboise, lequel (suivant la déclaration de la dame son épouse) courroit à la douane pour (comme elle le présume) s'assurer des régistres, il a été levé sous la voute proche la ruelle St-Christophe et enterré au cimetière derrière

sept autres personnes ; onze habitants furent emmenés prisonniers ; le pillage dura toute la journée : ils arrachaient même les bagues et les boucles d'oreille des femmes (1).

Le 12 août, le maréchal Lückner dégagea la ville ; les volontaires de Seine-et-Oise s'emparèrent à ce moment d'un traître qui servait de guide aux ennemis, leur désignant les maisons des aristocrates, qu'ils épargnaient.

Le 16 août, **Merlin de Thionville** annonçait à l'Assemblée législative ce triomphe momentané ; mais par une singulière ironie des événements, à ce moment même les Prussiens s'installaient de nouveau à Sierck et prenaient garnison dans la ville qu'ils épuisèrent de contributions ; c'était une des clefs de la frontière : les Prussiens assuraient ainsi le passage aux Autrichiens et à l'armée des Princes.

Un médecin-apothicaire de Sierck, nommé André (2), emmené prisonnier par les Prussiens, racontait que ses compagnons et lui avaient vu le 17 août au quartier général de l'armée ennemie, à Montfort, près Luxembourg, le sieur Pierre-Ernest de Lassaulx, lieutenant de la compagnie d'Invalides de Précy, arborant une grosse cocarde blanche et désignant aux ennemis André comme un patriote, un clubiste, pour attirer sur lui de mauvais traitements. D'après André, le domestique de Lassaulx aurait servi de guide aux Prussiens.

l'église, en foy de quoi la dame son épouse, Louis George Geoffroy, receveur principal de la douane par intérim... ». Reg. paroissiaux de Sierck.

(1) Archives municipales de Sierck. Reg. 9, p. 134.

(2) Le même personnage que celui qui est secrétaire du Club des Amis de la Constitution à Sierck.

Ainsi se justifiait après coup la mesure de rigueur prise par Hentz contre le frère de ce même Pierre-Ernest de Lassaulx.

D'ailleurs les royalistes(1), pendant l'occupation de Sierck par les Prussiens, avaient relevé la tête. La correspondance de Pierre Ostome (2), receveur principal des douanes de Sierck, émigré quelques jours avant l'arrivée de l'ennemi, esι très curieuse à cet égard (3).

Nous y voyons que les Prussiens furent réellement aidés, lors de leur invasion ; que le curé orthodoxe de Sierck, Koch, put continuer son ministère, grâce à l'appui de certains habitants partisans des princes, et, qu'en fin de compte, les patriotes eurent beaucoup à souffrir.

La municipalité avait quitté la ville, administrée par les ennemis ; le modeste juge de paix, qui s'était réfugié à Thionville avec sa femme et ses enfants (4), allait connaître de plus hautes destinées. Lorsqu'eurent lieu les élections pour la Convention, la renommée de Hentz avait dépassé les limites de sa petite juri-

(1) Ils occupèrent également Sierck à cette époque. Nous possédons la lettre de sauvegarde donnée aux Récollets par le Marechal duc de Broglie, commandant en chef des armées des Frères du Roi au quartier général de Bous, le 21 août 1792. Les Récollets quittèrent Sierck quelques mois après ; la Chartreuse de Rettel fut fermée le 14 novembre 1792.

(2) Le même qui avait contribué aux frais du voyage de Hentz à Paris et qui maintenant devait percevoir les impôts au nom du roi de France à la suite des Émigrés.

(3) Correspondance originale des Émigrés déposée aux Archives de la Convention nationale prise par l'avant-garde du général Kellermann à Longwy et à Verdun. Paris, 1793. Pet. in-8°.

(4) Reynaud. — *Merlin de Thionville.* Paris, 1860. In-8°, p. 296.

diction. Ses voyages à Paris, son intervention près de Lafayette, avaient déjà fait connaître son nom. Il fut élu député pour le département de la Moselle, le 6 septembre 1792 (1).

(1) Son beau-frère, Nicolas Bettinger, lui succéda dans la justice de paix.

CHAPITRE II

LES DÉBUTS DU CONVENTIONNEL

Hentz arrivait à la Convention avec la résolution de « faire quelque chose ». Jusqu'à ce moment, son activité n'avait eu qu'un théâtre restreint ; or, il voyait grand, et surtout il était ambitieux, à la manière de beaucoup de conventionnels, c'est-à-dire qu'il voulait se faire remarquer en étant plus républicain que le voisin.

Il apportait un plan d'éducation qui, d'après lui, devait assurer à la République la continuité, par la formation de la jeunesse. Nous avons vu que dès 1791, il proposait d'enlever aux moines et aux prêtres cette sorte de monopole de l'éducation que leur avait donné l'ancien régime : mais sa proposition ne pouvait alors qu'être modeste, et visait seulement le département de la Moselle. Maintenant, il allait développer son projet.

Il présente à la Convention son plan d'éducation, avec un projet de décret pour le faire adopter dans toute la France (1).

Son plan est une adaption de la doctrine jaco-

---

(1) Sur l'instruction publique, par Nicolas Hentz, député de la Moselle ; imprimée sur ordre de la Convention nationale. Paris, Imp. Nat., s. d. 22 pp. in-8° (Bibl. nat., Paris. Imp. L° 38-354).

bine (1), fille elle-même de la doctrine de Rousseau, d'après laquelle les arts, les sciences, énervent une nation et ne forment que des inutiles : « Ce n'est pas des savants qu'il nous faut, dit Hentz, en débutant ; les braves citoyens qui ont fait la Révolution, sont-ce des savants ? Ceux qui maintenant défendent la frontière, ne sont pas des savants, toutes ces vaines études ne servent qu'à former des suppôts du despotisme, etc. »

Entraîné dans le mouvement, Hentz cherche à le précéder ; mais son projet n'en est pas moins curieux ; il envisage trois choses dans l'éducation : l'instruction des enfants à l'école ; la moralisation des adultes ; la moralisation générale par les fêtes publiques.

Certains articles prêtent aujourd'hui à sourire, comme le règlement détaillé des fêtes publiques, où les femmes s'avancent « en soutenant un vieillard » et où les jeunes filles « dansent autour de l'autel de la patrie, vêtues de blanc ».

Mais Hentz prend soin de nous prévenir ; avec une prévoyance remarquable, il semble écrire pour la postérité. Sa génération est encore toute imbue de cérémonies monarchiques et religieuses ; il faut chasser le souvenir de ces pompes aristocratiques par des cérémonies populaires et patriotiques. Plus tard, dit-il, les générations qui nous succèderont auront l'esprit plus libre, le jugement plus sain, on n'aura plus besoin de mascarades ; mais elles sont nécessaires aujourd'hui.

(1) Maggiolo. Pouillé scolaire ou Inventaire des écoles dans les paroisses et annexes de l'ancien diocèse de Metz avant 1789, de 1789 à 1833. Nancy, 1883. In-8°, p. 104.

Hentz avait pris siège à la Montagne. Croyait-il réellement que la Révolution irait toujours de l'avant, et espérait-il, en se joignant aux plus avancés, se tailler une place plus large ? C'est possible ; mais il est possible aussi qu'il ait agit par conviction. Il venait d'un pays envahi, il avait encore le fracas des armes dans les oreilles, il était dans cet entraînement qui excite à repousser la violence par la violence.

Il avait vu, de près, ce que valent les demi-mesures ; les montagnards, avec leurs idées tranchantes, devaient lui paraître plus près de la vérité que les temporiseurs.

Mais il voulut d'abord justifier la confiance de ses électeurs. La ville de Sierck avait été occupée, dès le début des hostilités, par l'ennemi pendant plus de deux mois, elle avait souffert des pertes matérielles considérables ; il s'occupa de lui faire accorder une indemnité.

Le 3 novembre 1792, il adressait à la municipalité de Sierck une lettre détaillée, pour lui annoncer que Thionville venait d'obtenir un secours de 300.000 livres, et lui indiquer la marche à suivre dans le but d'obtenir une indemnité du même genre (1). Il faudra, dit-il, faire prendre une délibération de la municipalité, une estimation approximative des pertes ; s'adjoindre les municipalités du canton pour une plainte en commun, et faire une pétition à la Convention, apostillée par le chef de la place de Thionville, le chef de légion, le Directoire du département. Envoyez le tout à Hentz qui s'en chargera.

(1) Original. 4 pp., in-4°. Notre collection.

MARINCER DE THORN (Jean-Claude-Hilaire-Egide)
LIEUTENANT DE LA LÉGION DE LORRAINE
CHEVALIER DE St-LOUIS

En même temps Hentz multiplie les recommandations civiques : faire la guerre aux aristocrates, surtout à Maringer de Thorn et au notaire Toigat, les dénoncer à l'accusateur public. Le juge de paix de Sierck doit dresser des procès-verbaux, entendre des témoins nécessaires, etc.

La lettre se termine par des paroles rassurantes : les ennemis seront bientôt vaincus et rejetés hors du territoire.

Ces conseils furent suivis ; la délibération du 14 novembre de la municipalité de Sierck évalue à 5oo.ooo livres le chiffre provisoire de l'indemnité nécessaire. La demande n'avait pas un but absolument égoïste : la municipalité était incapable de fournir aux troupes françaises les vivres, le logement qu'elles demandaient, au moment d'envahir le pays de Trêves (1).

A la même époque, Hentz prenait une part active aux travaux de son groupe politique ; le 9 novembre il prenait la parole à la Convention pour attaquer violemment Louis XVI, et il demandait sa mise en jugement immédiate : Citoyens, jugez Louis Capet sans ménagement et suivant ses crimes ; conservez l'unité de la République, et bravez les despotes de l'Europe.

Un peu plus tard, lorsque la question de l'appel au peuple fut posée par les Girondins, à propos du procès du roi, Hentz, s'inscrit le 88ᵉ sur la liste des orateurs et supposant que la discussion ne se prolongerait pas jusqu'à son tour, rédigea une sorte de mémoire

(1) Archives municipales de Sierck. Rég. des délibérations 9, p. 134.

intitulé : Réflexions de Nicolas Hentz, député du Département de la Moselle à la Convention nationale, sur l'appel au Peuple (1).

Nous allons donner une analyse rapide de ce mémoire (qui fut imprimé par ordre de la Convention), parce que les idées politiques générales y sont fort bien exposées.

L'auteur débute, en citant une lettre « qu'une femme lui écrivoit de 80 lieues d'ici » — de la Moselle, sans doute — où sous une forme simple, l'opinion populaire semblait manifestée : « Je suis étonnée que des Législateurs disent que ce n'est pas à la Convention à juger le roi. Qu'est-ce donc qu'ils ont été faire à Paris, & pourquoi les a-t-on envoyés ? Est-ce à nous à juger, nous qui sommes éloignés ? D'ailleurs n'êtes-vous pas nos Représentans, & avons-nous besoin de vous payer si vous ne voulez pas faire notre ouvrage ? Je vous dis moi, que si le peuple fait bien, il vous chassera tous, & qu'il enverra à votre place des gens au gros bon sens.... »

Partant de là, Hentz expose nettement la théorie du système représentatif, qu'il oppose au système défectueux, d'après lui, du referendum. Mais aussi il discute, en droit pénal, la question de l'appel au peuple, et son raisonnement, très serré, paraît inattaquable. 1° Le roi ne l'a pas demandé ; parce que, roi d'après la grâce de Dieu, ce serait renier ses principes que de reconnaître la volonté populaire ; 2° la Convention a eu pour premier mandat précisément ce jugement, donc son élection correspond à une

(1) Paris. Imp. nat. s. d. 12 pp. in-8°. Notre collection.

sorte d'appel au peuple préalable ; 3° Louis XVI a reconnu la juridiction, il a présenté ses moyens de défense ; 4° les délibérations dans les assemblées primaires ne pourraient pas se faire avec le calme qui convient à la justice.

Enfin il donne les raisons politiques : « il n'y aura jamais de guerre civile en donnant son scrutin pour une Constitution, & qu'à coup sûr il y en aura à plaider le pour & le contre sur la vie d'un homme qui a tant fait de mal aux patriotes & de bien aux aristocrates... » ; car les aristocrates relèvent la tête ; ils comptent sur l'appui de l'étranger ; une guerre civile est à craindre : « Tout cela n'est pas un rêve ; allez dans certains cafés, dans certains groupes, vous entendez dire hautement que les affaires du Roi vont bien, qu'avant peu il recouvrera son ancienne autorité. Voyez tous les aristocrates, tous ces honnêtes gens, toutes ces mêmes personnes qui vantoient Bouillé, Lafayette, Louis Capet ; vous les entendez faire l'éloge de cet appel au Peuple. Allez dans certains départemens où certaines personnes ont du crédit, vous entendez tout-à-la fois demander l'appel au peuple, & crier *vive le Roi* »

Puis vient un argument *ad homines* : « Ne craignez-vous pas que le peuple vous dise : hommes étranges & injustes ; quand il s'est agi de créer des impôts ou d'employer les deniers de la République, vous ne m'avez pas consulté ; quand il s'est agi d'une campagne d'hiver, qui a fait périr des milliers de citoyens & coûté des sommes immenses, vous ne m'avez pas consulté ; quand vous avez uni la Savoie à la République, ce qui sera une véritable occasion de guerre, vous ne m'avez consulté ; quand vous avez aboli la royauté, prononcé que la France seroit République, vous ne m'avez pas consulté ; & aujourd'hui qu'il s'agit d'un seul homme, de l'ennemi du peuple, vous n'osez décider..... »

Sans doute ces réflexions influèrent peu sur la Convention, dont l'opinion était déjà arrêtée. Il faut reconnaître cependant que Hentz précisait, dans une langue forte, des raisons décisives. Il était conséquent avec lui-même, jusque dans l'exagération des doctrines.

CHAPITRE III

Le vendredi, 1ᵉʳ février 1793, des députés de la ville de Longwy étaient admis en séance au Comité de défense générale ; ils apportaient des plaintes sur « l'état de dénuement de cette place et la négligence du ministre de la guerre ».

Une discussion s'engagea ; diverses propositions furent déposées, relativement à la sûreté des places fortes. Le Comité prit un arrêté en deux articles :

2° Le Comité désignera dans un projet de décret neuf membres qui seront envoyés comme commissaires aux frontières (1).

Parmi les neuf commissaires désignés, nous trouvons : « au Rhin, Hentz, qui s'adjoindra à deux commissaires déjà envoyés ».

Le 2 février une discussion confuse s'engagea à ce sujet à la Convention ; un membre fit remarquer que pour visiter les places fortes, les députés n'auraient peut-être pas toute la compétence nécessaire ; il proposait de nommer, pour accompagner Hentz, un officier du génie. Un autre membre s'étonnait de la nécessité d'envoyer un troisième commissaire, alors

(1) Aulard. Recueil des actes du Comité de Salut public. Paris 1889 1908. 19 vol. gr. in-8°.

que déjà Laporte et Blaux représentaient la Convention dans les places de cette frontière. Après des
débats assez longs, la Convention s'arrêta à un moyen
terme : les commissaires seraient tous choisis dans
son sein ; ils auraient pleins pouvoirs, et s'ils voulaient s'éclairer, ils pourraient s'adjoindre des spécia-
listes, ingénieurs ou officiers du génie. Le décret fut
rendu le 5 février : la Convention envoyait Hentz
visiter les places fortes ; (un commissaire pour le
Rhin, Hentz ; trois pour le Nord, un pour le
Centre) (1). Mais le 7 février, cette destination fut
modifiée : « La Convention nationale, sur l'observa-
« tion à elle faite que les citoyens Hentz et Ferry,
« nommés commissaires par décret du 5 du présent
« mois, pour la visite des places frontières du Centre
« et du Rhin, désirent, pour être plus utiles, que
« leur destination particulière soit changée, décrète
« que le citoyen Ferry est chargé de visiter les places
« frontières de la partie du Rhin, et le citoyen Hentz
« de visiter les places frontières du Centre, depuis
« Bitche jusqu'à Rary (2).

Hentz se mit immédiatement en route. Le 13 février
il était arrivé à Metz, et, de cette ville, il écrivait (3) à
Laporte et Blaux, commissaires près de l'armée du
Rhin, qui se trouvaient alors à Sarreguemines, pour
se concerter avec eux, précaution utile, imposée
d'ailleurs par la Convention, pour éviter des tiraillements, des contradictions :

(1) Procès-verbaux de la Convention, p. 71. (Commissaire pour le Nord.)

(2) Procès-verbaux de la Convention, p. 104.

(3) Arch. nat., AA 50. Liasse 1426 (lettre M(entz) pour Hentz).

« Citoyens Collègues,

« Je suis chargé par décret des 5 et 7 du courant
« de visiter les places frontières depuis Bitche jusqu'à
« Rary (1) ; la même loi porte que je me concerterai
« avec les commissaires que je trouverai dans ces
« parties.

« Comme votre mission s'étend dans le départe-
« ment de la Mozelle ; je vous prierai de me faire
« scavoir comment nous opérerons : il paroit que
« Metz est le centre des places de guerre, et si vous
« jugiez à propos de vous y rendre ou de me dire
« comment nous pourrions nous aboucher, je vous
« serai obligé de le faire incessament, car il existe
« plusieurs points qui commandent des mesures
« promptes et provisoires.

« Vous pourrez m'adresser vos lettres au secrétaire
« du département de la Mozelle. Je suis voire dévoué
« concitoyen et collègue.

> « HENTZ, député, commissaire de la Conven-
> « tion à la visite des places du Centre. »

Le 16 février, Couturier et Dentzel, déjà commissaires dans le Bas-Rhin, la Meurthe et la Moselle,
écrivent de Strasbourg à la Convention : « Les collè-
« gues Blaux et Laporte sont arrivés hier ; le citoyen
« Hentz est à Metz, et aujourd'hui nous allons régler
« entre nous les points de la République à parcourir
« et à visiter, et l'un de nous se rendra à Metz pour
« joindre le citoyen Hentz ».
Au lieu d'un, ce furent deux collègues, Laporte et

(1) Localité non identifiée, peut-être Longwy !

Blaux, qui se rendirent à Metz, comme le leur avait demandé Hentz, pour conférer avec lui. Couturier écrit de Strasbourg à la Convention, le 19 février : « Les citoyens Laporte et Blaux sont partis pour « aller joindre Hentz à Metz... il est convenu qu'ils « correspondront avec moi et j'aurai soin de vous « transmettre ce qu'ils me feront parvenir ».

Metz fut en effet choisi d'un commun accord comme point de départ des opérations.

Il y avait beaucoup à faire ; les approvisionnements, les munitions arrivaient avec une lenteur désespérante ; le ministre de la guerre Pache était interpellé à la Convention à ce sujet.

Nos trois représentants déployèrent une extrême activité.

Dès le 7 mars, une affiche imprimée, placardée à Metz (1) annonçait les premières mesures prises par eux, après vérification de l'état de dénuement où se trouvait la place, pour faciliter le transport des vivres et des fourrages de l'armée. Ces mesures furent couronnées de succès : le 11 mars, Hentz et ses collègues écrivent à la Convention que les approvisionnements militaires se font avec rapidité ; le recrutement s'effectue bien, grâce au zèle des administrateurs de la Moselle.

Le 15 mars, Hentz et Laporte, quittant Metz pour se rendre à Sedan, écrivent à la Convention que Thionville manque de vivres ; ils constatent aussi que Sierck et Rodemack ont été négligés par le ministre, malgré leurs demandes (2).

(1) Arch. de la Meuse.
(2) Archives nationales, AF, II, 246.

Le 18 mars, ils sont à Montmédy ; ils font afficher sur les murs une proclamation : « Les commis-« saires de la Convention nationale aux braves répu-« blicains des départements frontières de la Moselle, « de la Meurthe, de la Meuse et du Rhin. Signé : « Hentz, Delaporte, Blaux (1). »

Le 30 mars, ils sont à Mézières où ils prennent un arrêté pour mettre en réquisition tous les fourneaux des forges de Boutancourt, Vendresse, Bairon, Desy, Mazures, Hurteaux, Haraucourt (2), notamment ceux des citoyens Raux de Montblainville et de La Neuville, qu'on leur a signalés comme n'étant pas en activité ou ne travaillant pas pour la République (3).

L'arrêté est fortement motivé ; les arsenaux de la République manquent de fer coulé, de boulets surtout. De plus, tous les détails sont prévus : non seulement les propriétaires des fourneaux ne pourront travailler que pour fabriquer des munitions, mais encore les municipalités ne pourront requérir pour le contingent des armées, ni pour les transports militaires, les ouvriers qui transportent le bois et le charbon nécessaire aux forges, etc. Le citoyen Clouet, préposé par le Conseil exécutif provisoire à la surveillance des forges des Ardennes, est chargé de l'exécution de l'arrêté, avec pouvoir de faire toutes les réquisitions convenables.

Le 10 avril, le Comité de Salut public proposa à

(1) Metz. Imp. de C. Lamort, s. d. In-folio plano. Coll. Prost (Mettensier, t. I). Bibl. nat., L a, 32/721.

(2) La plupart de ces localités se trouvent dans les arrondissements de Mézières et de Vouziers.

(3) Mst. orig. 4 pp. in-fol. Notre collection.

la Convention d'envoyer Hentz en mission à l'armée des Ardennes, dont le champ d'opération s'étendait de Maubeuge à Longwy (1). Le projet fut adopté et Hentz fut chargé, avec Laporte, Deville et Milhaud d'accompagner cette armée. Il montait en grade ; il ne s'agissait plus d'une simple inspection des places fortes. Les représentants envoyés près des armées étaient munis de pouvoirs excessifs : contrôlant sans cesse les généraux, ils restaient en correspondance directe avec le Comité de Salut public et la Convention. Mais aussi le rôle, s'il était magnifique, était pénible à remplir. Il fallait suivre les opérations ; pour des représentants qui n'avaient en général aucune préparation militaire — ni même aucune aptitude — c'était un honneur fatigant.

Hentz essaya ses forces : nous le trouvons à Sedan le 22 avril où il réquisitionne près des administrateurs de la Meuse des armes, des fusils de guerre et des citoyens équipés (2). Le 24, il écrit de cette ville au Comité de Salut public, en même temps que Laporte et Deville, pour donner des détails sur la position de l'ennemi. Les commissaires émettent aussi leur avis sur la conduite des opérations : il faudrait séparer l'armée des Ardennes de l'Armée du Nord, lui donner un commandement séparé. Le Général Dampierre ne peut pas commander utilement sur un front aussi étendu (3). Si une armée était spé-

(1) Aulard. Recueil des actes du Comité de Salut public.

(2) Arch. de la Meuse. Imprimé des représentants Deville, Laporte et Hentz.

(3) Il commandait à la fois l'armée du Nord et l'armée des Ardennes.

cialement destinée aux opérations dans les Ardennes, on pourrait la grossir de 32.000 hommes de recrues. Les commissaires connaissent le plan de Custine ; ils offrent de le communiquer au Comité de Salut public.

Cette lettre est curieuse ; non seulement les commissaires s'occupent ici de choses qui ne les regardent pas, mais ils ne paraissent pas d'accord avec leur collègue Blaux, qui écrivait au même moment, de Sarreguemines, que Custine était absent « pour préparer un plan d'attaque ». Ce plan n'était donc pas encore élaboré ?

La seule mesure prise par Hentz et ses collègues, qui rentrât dans leurs attributions, était relative aux approvisionnements de Sedan ; malheureusement cette mesure allait à l'encontre des décrets de la Convention, qui, pour donner quelque valeur aux assignats, en avait déclaré le cours forcé pour tous les marchés des armées. Hentz, Laporte et Deville furent obligés de laisser subsister à Sedan, pour les besoins de la garnison, un marché de viande fait moitié en assignats, moitié en numéraire (1).

De graves événements s'étaient produits. Dumouriez avait le 5 avril passé à l'ennemi. Le Comité de Salut public écrivait aux représentants en mission à l'armée du Nord et des Ardennes, qu'il fallait « s'assurer des officiers qui regrettent que le traître Dumouriez n'ait pas réussi dans ses projets liberticides ».

Sans doute, Hentz n'aurait pas demandé mieux

(1) Hentz passe le 25 avril à Mouzon, le 29 avril il est de nouveau à Sedan.

que de procéder à cette épuration ; mais il dut, malgré toute sa bonne volonté, renoncer à poursuivre sa tâche ; le fardeau l'écrasait. Le 5 mai, il écrivait de Rocroy à la Convention (1) :

« Citoyens mes collègues,

« Ma santé ne soutient pas la fatigue des courses « qu'il faut faire comme commissaire de la Conven- « tion nationale près l'armée. Je vous prie d'y faire « envoyer à ma place.

« Je demeurerai à mes frontières jusqu'à l'arrivée « d'un successeur, et je retournerai alors à la « Convention, où je suis jaloux de me trouver lors « de la discussion sur la Constitution.

« Votre dévoué collègue,
« HENTZ, commmissaire près l'armée des Ardennes. »

Le 6 mai, il écrit en même temps que Laporte, de Rocroy, une lettre fort importante à la Convention. D'après un rapport d'espions que les commissaires joignent à leur lettre, l'ennemi est dans un grand état de détresse ; mais l'incapacité du général Beauregard, qui commande la 2e division de l'armée des Ardennes, empêche de frapper un coup décisif. Les commissaires proposent, pour le remplacer, *Granchamp*, directeur de l'Arsenal de Metz.

Le 7 mai le Comité de Salut public, ému de plaintes multiples des représentants surmenés comme l'était Hentz, adresse un *plan de travail* aux représentants en mission.

(1) Arch. nat., AF II, 252.

Ils devront s'occuper chacun de leur côté : chaque députation doit se diviser de la manière qui conviendra le mieux pour l'exécution de sa mission ; les députés adresseront au Comité de salut public le plan qu'ils auront adopté.

Ces instructions arrivaient à point pour Hentz ; d'ailleurs, par son décret organique du 3o avril, la Convention avait chargé le Comité de Salut public de remédier à ces vices d'organisation qui paralysaient les meilleures volontés (1). Les commissaires envoyés aux armées s'épuisaient en courses et démarches multiples qui faisaient souvent double emploi, et la correspondance avec la Convention arrivait à un degré de confusion inexprimable.

Dès le 10 mai, les quatre commissaires à l'armée des Ardennes envoyaient au Comité de Salut public un arrêté consacrant l'arrangement suivant : Hentz et Laporte se chargeaient d'inspecter les fortifications et les approvisionnements des places ; Milhaud et Deville parcourraient les camps et les cantonnements (2).

Le commandement en chef de l'armée des Ardennes fut donné à Custine par le Comité de Salut public, le 13 mai. A ce moment, Custine semblait appelé aux plus brillants succès, son entente avec les représentants était parfaite. Les généraux placés sous ses ordres ne donnaient pas tous la même satisfaction. Beauregard était de nouveau, le 14 mai, dénoncé comme incapable par Hentz, Milhaud et Laporte.

Dans la même lettre, les commissaires annoncent

(1) Procès verbaux de la Convention p. 240.
(2) Aulard.

qu'ils ont saisi l'abbaye de Florennes, « repaire de contre-révolutionnaires », dont les revenus montent à cinquante mille livres ; ils ont offert quelques « facilités » aux moines, qui ont refusé.

Remarquons en passant la complexité de cette correspondance. En même temps qu'ils surveillent les opérations militaires, les commissaires recueillent des rapports d'espions sur la position de l'ennemi, et font leur métier de révolutionnaires en *épurant* les administrations, poursuivant le clergé, etc.

Le 19 mai, le Comité de Salut public félicite Hentz et Laporte pour le succès de leur recrutement ; mais il ne faut pas multiplier les corps ; les recrues devront être versées dans les anciens cadres, ou, s'il y a trop de recrues, on enverra l'excédent à l'armée du Nord. Cette recommandation était nécessaire : les représentants avaient, un peu partout, cette tendance à former de toutes pièces des armées, dont les chefs étaient leurs créatures : cet abus se retrouve dans toutes les formations révolutionnaires ; on y multiplie le nombre d'officiers supérieurs au delà de toute mesure, comme dans les armées des petites républiques américaines, où tout le monde est au moins colonel. Il y avait un motif plus sérieux : on commençait à abandonner le système des combats d'avant-gardes. On voulait des armées nombreuses, compactes, capables d'opérer des mouvements irrésistibles (1).

Le 22 mai, le Comité en accusant à Hentz récep-

(1) Mézières, 19 mai 1793. Lettre de Hentz et de Séb. de la Porte aux citoyens collègues pour obtenir l'envoi des décrets de la Convention, en leur demandant de les adresser à Sedan. Arch. nat. AA 5o, n° 1.426.

tion de sa lettre du 6, dit qu'il tiendra compte de ses réclamations sur les généraux : « nous applaudissons au zèle qui vous anime pour le bien de la République ».

Le 27 mai, le Comité accusant réception de la lettre du 14 mai, il écrit à Hentz, Laporte et Deville : « Nous vous prions de continuer à vous faire ins- « truire de tout ce qui se passe chez l'ennemi, puisque « ce n'est qu'en connaissant ses projets et ses forces « qu'on peut déjouer les uns et s'opposer aux autres « avec succès. Ne cessez de veiller à l'activité de la « manufacture de Charleville ; car nous avons un « extrême besoin de fusils... Vous pouvez aussi dis- « poser de ceux qui sont dans les places de seconde « ligne, si vous le croyez nécessaire ; mais n'usez de « cette mesure qu'avec la plus grande précaution. « Nous communiquons au ministre de la guerre votre « vœu sur la destitution du général Beauregard et la « demande que vous faites de le voir remplacé par le « citoyen Grandchamp : nous l'engageons à y accéder « et à procéder de suite à ce changement ».

Nous avons vu que dès les premiers jours de sa première mission, Hentz s'était plaint de la négligence du ministre de la guerre. Milhaud et Deville avaient constaté des erreurs dans l'expédition des poudres ; Hentz et Laporte, le 20 mai, se plaignent de n'avoir reçu que 50 milliers de poudre au lieu de 150 qu'ils auraient dû trouver à Charleville ; Beauregard, ajoutent-ils, est incapable, « plein de bonnes intentions, mais nul pour le travail ». Il leur faut des fusils ; et la manufacture de Charleville ne peut pas en fournir. Mais si on en expédie de Paris, il faut

que ce soit dans le plus grand secret ; parce que
« l'ennemi sait tout ».

Cette période fut fort pénible pour Hentz ; mal
obéi par des sous-ordres, préoccupé d'affaires de
famille, il parut peu mesuré dans tous ses actes.
Entraîné à réagir par la rigueur contre les mauvaises
volontés qu'il sentait partout autour de lui, plus fait
peut être pour les discussions de la tribune que pour
l'organisation administratixe, il prit des arrêtés inexé-
cutables qu'il fut forcé de désavouer, traita avec hauteur les assemblées locales, amassant ainsi des ran-
cunes dont il devait être plus tard victime.

Le 25 mai (1), il fait afficher à Sedan un arrêté par
lequel il réquisitionne tous les chevaux, toutes les
armes disponibles ; le 3 juin (2), il le retracte, déclare
que cet arrêté n'a été imprimé que par suite d'une
erreur d'un secrétaire, et félicite les administrateurs
de ne pas l'avoir mis à exécution. Le 28 mai, il prend
un autre arrêté pour réquisitionner toutes les armes
dans le département de la Meuse, mais il reçoit bientôt la lettre du Comité de Salut public, qui lui accorde
seulement les fusils des places de 2e ligne ; le
10 juin, il reconnait que cette mesure ne concerne pas
Montmédy, place forte de 1re ligne, dont les citoyens
ne doivent pas être désarmés, et il écrit dans ce sens
aux administrateurs du département (3).

Il établit à Sedan, d'accord avec Laporte, un
Comité de surveillance ; mais il en choisit si mal les

(1) Placard imprimé et signé par J.-B. Milhaud, Deville, Séb.
Laporte et Hentz. Archives de la Meuse.
(2) Lettre de Hentz, Delaporte et Deville. Arch. de la Meuse.
(3) Lettre de Hentz et Delaporte. Arch. de la Meuse.

membres, que des protestations s'élèvent de toutes parts. Les intrigues qui se nouèrent autour de ce Comité amenèrent une rivalité entre Hentz et son collègue Deville, sourde d'abord, mais qui éclata plus tard et dont la Convention eut à s'occuper. Entre ce Comité et les administrateurs du département, ce fut une guerre acharnée qui alla jusqu'à la provocation au meurtre.

A la fin de mai, le procureur général de la Meurthe, et un administrateur du même département étaient venus intriguer dans les Ardennes ; ils furent dénoncés comme suspects de fédéralisme ; Hentz et Laporte les firent arrêter et reconduire à leur poste. Aussitôt une réunion de leurs partisans s'assemble à Mézières (27 mai). Vassant, maire de Sedan et membre du Comité de surveillance, une des créatures de Hentz, se rend à cette assemblée accompagné du patriote Mogue, prend la défense des représentants qu'on traite de factieux et d'agitateurs. La réunion devient alors tumultueuse, la foule s'amasse, envahit la salle, et les fédéralistes se sauvent.

Vassant, triomphant, fait imprimer et placarder dans tout le département une adresse à la Convention nationale sur ces incidents ; mais le lendemain, ses adversaires se réunissent clandestinement, et rédigent une dénonciation contre Hentz et Delaporte. Puis en réponse aux affiches de Vassant, des placards injurieux contre les deux conventionnels sont distribués à profusion. Dans certaines communes les têtes étaient tellement échauffées qu'on parlait de tuer Hentz et Delaporte.

Hentz avait signifié aux administrateurs qu'ils répondaient sur leurs têtes de la sûreté des membres du Comité. Par contre, les administrateurs dénonçaient à Hentz les abus du pouvoir du Comité créé par lui ; Vassant, d'après eux, était seul coupable des désordres, etc.

En même temps, la rupture devenait définitive avec une partie de sa famille. Le 12 mai, Richard Daubrée était arrêté à Sierck comme suspect : la municipalité, pour obéir aux injonctions du district de Thionville, en avait fait de même pour toutes les personnes portées sur la liste des émigrés, et en outre un certain nombre de « personnes suspectes ». Richard Daubrée se cacha chez lui ; il fallut renforcer de six hommes la petite troupe chargée des arrestations, pour le rechercher (1).

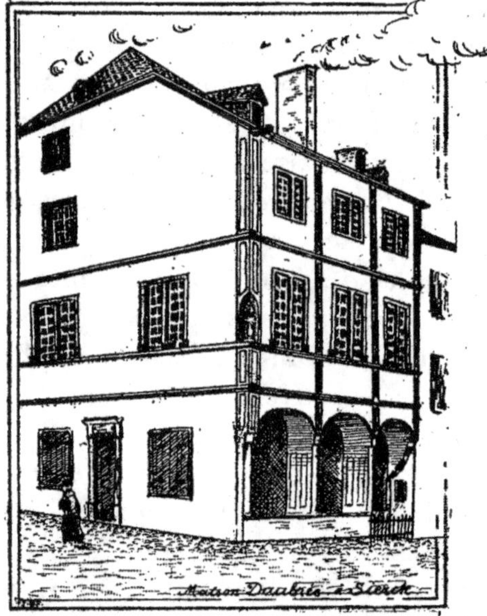

(1) Non seulement Hentz n'intervint pas en faveur de son beau-père, mais il n'hésita pas à le sacrifier « et à le faire mettre en arrestation comme suspect, ce qui le prive de sa succession, si la commission populaire ne le met pas en liberté ». (Observations ou rapport, par Hentz, Paris, s. d., septembre 1794, in-8°, p. 12.)

Sa femme (1) accueillit d'ailleurs fort mal ces visiteurs ; le commandant de Sierck, Lasabati, dans son rapport, dit qu'elle traita ses hommes de pilleurs, de voleurs et autres aménités (2).

Il n'est pas surprenant qu'au milieu de tant de soucis, Hentz néglige sa correspondance : le 29 mai, le Comité de Salut public lui écrivait : « Il n'est pas « étonnant que le ministre de la guerre tombe dans « quelques erreurs relativement au versement des « poudres... Veillez à ce que les différents états « soient exacts... Faites replier d'une place sur « l'autre celles dont peuvent avoir besoin les villes « de première ligne ».

Hentz, déjà fatigué au mois d'avril, comme nous l'avons vu, devait être à ce moment hors d'état de faire face à tant de difficultés ; le 2 juin, Hentz et Laporte écrivent au Comité de Salut public que la manufacture de Charleville est en pleine activité, qu'elle commence à fournir des fusils et qu'ils prendront les précautions prescrites pour assurer l'arrivée des poudres, mais ils écrivent le même jour à la Convention « notre santé est tellement altérée qu'il nous « est impossible de remplir les fonctions extrême- « ment pénibles qui nous occupent depuis le mois de « février dernier... Nous vous prions de nous rappe- « ler sur le champ à la Convention et d'envoyer nos « successeurs ».

Ils écrivaient même une 2e lettre au Comité de Salut public pour le prier de présenter ces successeurs.

(1) Épouse divorcée depuis 1799, elle mourut le 28 juin 1804 à Sierck, où son mari décéda le 23 décembre 1819, à l'âge de 86 ans.
(2) Reg. des délibérations du district de Thionville.

Le 8 juin, ils insistent de nouveau ; ils écrivent, de Sedan, au Comité de Salut public et à la Convention pour demander leur rappel ; ils sont exténués de fatigue. Leur mission n'a pas été stérile ; ils ont créé une armée de toutes pièces secondée par le général Kilmaine. « Le peuple ici est bon ; il connaît « trop ses intérêts pour se prêter aux mouvements « contre-révolutionnaires que des malveillants ont « voulu exciter. L'armée est vraiment républicaine. « La manufaeture d'armes de Charleville a donné « toute l'activité dont elle est susceptible ».

Et cette lettre très importante à la Convention :

« La très grande majorité du département des « Ardennes veut faire ici la contre-révolution et a « déjà provoqué des assemblées pour faire révolter le « peuple ; nous avons cru devoir employer la seule « mesure efficace, celle de la rigueur, en suspendant « et en mettant en arrestation ces administrateurs ; « nos collègues Deville et Michaud s'y sont opposés ; « nous avons mieux aimé faire le sacrifice de nos « opinions que de laisser paraître une scission, une « opposition manifeste de la part de nos collègues. « Nous vous prévenons que la faiblesse à punir des « audacieux a encouragé leur insolence. Le comman- « dant de Mézières nous avertit que le trouble est prêt « à éclater à Mézières et à Charleville ; et nous vous « instruisons qu'il y a des contre-révolutionnaires. « Cela peut devenir sérieux, et si vous n'y portez re- « mède ; car nos deux collègues nous paralysent. Ou « rappelez-nous sur le champ, ou rappelez nos deux « collègues ou autorisez-nous à destituer le départe- « ment des Ardennes. Le mieux encore serait de nous

« rappeler tous les quatre, car nous soussignés som-
« mes exténués de fatigue, et Deville et Michaud
« cèdent à des considérations ».

On peut remarquer que c'est dans cette période
qu'ils désavouent, le 3 juin, leur arrêté du 25 mai, et
le 10 juin, leur réquisition du 28 pour les fusils de
Montmédy ; ils semblent devenir timides à cet
égard : le même jour, ils consultent le Comité sur la
demande que leur font leurs collègues de l'armée du
Rhin, d'envoyer à Strasbourg des canons de fusil de
la manufacture de Charleville. Ce à quoi le Comité
leur répondit, avec quelque étonnement, le 13 juin,
que leurs pouvoirs sont suffisants pour faire verser
les canons de fusil à Strasbourg, et qu'il faut même
se presser.

Le 12 juin ils demandent que le Conseil exécutif
nomme des agents pour l'application du nouveau
Code militaire. Ils rendent compte de l'avantage
remporté par les troupes républicaines près d'Arlon.
Ils sont parvenus à déjouer les projets des émissaires
des autorités du département de la Meurthe qui cher-
chaient à se coaliser avec les administrateurs de la
Meuse contre les représentants.

On éprouve, devant le désarroi de cette correspondance, l'impression que les commissaires, fatigués au
delà de toute mesure, abandonnaient à des sous-
ordres une grande partie de leur besogne. Mais
toutes les intrigues dont ils se plaignent, les trahisons
par suite desquelles « l'ennemi savait tout », provenaient peut-être de l'hostilité soulevée par le Comité
de surveillance de Sedan ; et ce Comité se composait
réellement du seul citoyen Mogue, qui prenait des

arrêtés fantastiques : au commencement de juin 1793, il avait fait défendre aux femmes de sortir sans arborer la cocarde nationale ! Un grand nombre n'admettant pas cette modification à leur toilette, restèrent chez elles, et cette espèce d'emprisonnement fut très désagréable à la population. Quant aux suspects, qui d'après Hentz, formaient la majeure partie de l'administration du département, il n'y en avait que deux ou trois, et on ne pouvait alléguer contre eux aucun fait précis, tandis qu'on accusait le Comité de surveillance de violer la correspondance des citoyens, de publier des fausses nouvelles, d'inventer des protestations dont les soi-disant signataires étaient introuvables. Mogue disait carrément : Le Comité de surveillance est au-dessus de la loi ; et comme le Comité, c'était lui, on voit que c'était un petit despote parfaitement insupportable.

Or, Hentz savait tout cela, et il laissait faire. Il semblait préoccupé d'accueillir toutes les petites réclamations, les plaintes, pour que sa popularité ne diminuât pas : il cherchait à se tenir avec les plus querelleurs. Même dans les affaires relatives à la guerre, il apportait ce souci de donner raison à qui criait fort : le 14 juin, Hentz et Laporte annoncent, de Sedan, au Comité de Salut public que le 1er régiment de hussards se plaint beaucoup d'être versé dans le régiment des chasseurs du Calvados et qu'il ne demande qu'à se remonter et réparer ses fautes.

Ils font l'éloge de la comptabilité des anciens corps. On manque de chevaux ; ils proposent d'en réquisitionner 1 sur 4. Qu'on simplifie le costume des hussards, dit Hentz ; qu'on le débarrasse des « superfluités hongroises » qui compliquent inutilement l'uniforme et nécessitent des ouvriers spéciaux pour leur confection.

On comprend aisément en quoi ces « superfluités » compliquaient l'uniforme ? L'astiquage était plus long ! Les hussards joignaient cette petite récrimination à leurs autres plaintes.

Leurs exigences obtinrent satisfaction ; non contents d'avoir écrit en leur faveur au Comité de Salut public, Hentz et Laporte annoncent le 14 juillet (1), qu'ils ont autorisé le citoyen Grand-Maison, capitaine au 1ᵉʳ régiment de hussards, à se rendre auprès du pouvoir exécutif pour présenter les réclamations de ce régiment relatives à leur fusion avec les chasseurs du Calvados ; que l'administration des anciens corps est bonne et que celle des nouveaux mauvaise...

Le Comité de salut public avait pris le parti de rappeler les quatre commissaires, qui se gênaient mutuellement ; d'ailleurs peu de conventionnels restèrent aussi longtemps dans un même poste. Le 16 juin 1793, Hentz et Laporte annoncent au Comité que depuis cinq mois ils parcourent cette frontière et donnent des renseignements sur les moyens qu'il faudrait employer pour la défendre avec succès. Ils demandent qu'on fasse passer dans le Nord une partie de l'armée de la Moselle.

Dans une deuxième lettre, il se plaignent de l'absence de plan de campagne uniforme. Chaque général veut tout pour l'armée qu'il commande... C'est

(1) Cette lettre est encore datée de Sedan.

ainsi qu'il y a dans la Moselle une très bonne armée qui ne sert à rien, dans les Alpes des troupes beaucoup plus fortes qu'il ne faut pour une guerre de défilés, tandis que Condé est cerné, Valenciennes « circonvallé » et la Vendée négligée ; ils proposent d'établir un conseil pour arrêter le plan de défense générale, et annoncent qu'ils vont rentrer à Paris.

A peine sont-ils en route, que les mécontents, longtemps contenus, relevèrent la tête. Le 18 juin le Conseil de guerre de Mézières imprime contre le Comité de surveillance un factum (1) signé d'un grand nombre de citoyens, et adressé à la Convention : « les agents établis par Hentz, disent-« ils, abusent de leurs pouvoirs, et ne craignent pas « de se dire au-dessus de la loi ; ils ouvrent les « lettres, ils inventent des conspirations pour faire « des recherches et des perquisitions ; on fait une « adresse à la Convention sous le nom des habitants « de Sedan, où on affirme que la cocarde contre-« révolutionnaire a été arborée dans les rues de cette « ville ; rien n'est plus faux. On a imprimé dans les « journaux locaux des récits d'une insurrection qui « aurait bouleversé la ville, c'est encore un mensonge. « La vérité, c'est que le Comité de surveillance a « exaspéré tout le monde ; le peuple se plaint que « vos commissaires aient souffert autant de calom-« nies et de vexations..... »

Cette pétition, si elle n'émanait pas de l'administration du département, était certainement inspirée

---

(1) A Mézières, de l'Imprimerie de J. B. L. Trécourt, 1793. In-4°, 8 pp. (Coll. Florange).

par elle. Le Conseil général de la commune de Charleville y joignit sa protestation, imprimée à la suite et les citoyens de Mézières y ajoutèrent la leur : « indignés du libelle affiché soi-disant au nom des ha- « bitants de Sedan, par le Comité de surveillance « établi à Sedan et le Comité de salut public établi à « Mézières, demande que la Convention, faisant ce que « ses commissaires dans les Ardennes avaient pro- « mis et auraient dû faire, supprime le Comité de « surveillance de Sedan, renouvelle le Comité de « salut public de Mézières et demandent une consti- « tution qui mette les citoyens à l'abri des abus de « pouvoir ».

Le factum se termine par l'approbation de la commune de Mézières.

Cependant les administrateurs du département, trouvant qu'on allait trop loin, essayèrent de dégager leur responsabilité. Ils écrivirent à Hentz et Laporte une lettre pour se justifier, se proclamant innocents de tout ce qui se passait ; d'après eux, Vassant jouait double jeu, c'était lui le vrai coupable ; Lafayette, traître à la patrie, avait des partisans à Sedan, mais on saurait déjouer leurs intrigues. Hentz et La- porte, qui voulaient surtout à ce moment là être tran- quilles, leur répondirent : « Vous recevrez, citoyens « administrateurs, copie de la lettre que nous écri- « vons à Chazot. Nous continuons notre route, nous « seconderons votre sollicitude plus efficacement à « Paris ; nous sommes bien satisfaits de vous et du « commandant de Mézières Courage, les traîtres « passeront, mais le règne de la liberté ne passera « pas. — P. S. Faites passer promptement notre

« lettre à Chazot et fiez-vous à votre commandant
« dont nous connaissons les principes » (1).

Vassant disait plus tard, dans sa justification, que
Hentz et Laporte « décriés et ne pouvant plus faire
le bien » avaient pris le parti de retourner à la
Convention.

Était-ce bien le vrai mobile de Hentz ? Il n'était
pas homme à s'émouvoir de ces attaques, et bien que
sa fatigue fut réelle, il ne revenait pas à Paris uniquement pour se reposer.

On pourrait supposer avec quelque vraisemblance
qu'il comptait jouer un rôle sur un plus grand
théâtre, dans la lutte qui se poursuivait à Paris entre
Girondins et Montagnards.

De leur côté Deville et Milhaud écrivaient au
Comité le 21 juin qu'ils allaient « obéir à l'instant au
Décret qui les rappelle ».

D'après le compte que Hentz rendit de ses dépenses
à la Convention le 23 pluviôse An III, sa mission
aux places fortes du Centre, commencée le 7 février
1793, avait fini le 7 avril ; il avait reçu 2.400 livres,
dont 600 en numéraire. Ses collègues et lui avaient
dépensé en tout 5.240 livres.

Pour sa mission dans les Ardennes, du 15 avril au
20 juin, Hentz avait reçu 9.600 livres. Il ne lui restait à son retour que 7 l. 10 s.

La différence de frais est énorme ; mais visiter les

(1) Addition à la justification des administrateurs destitués du département des Ardennes à la Convention nationale. Imprimerie de Desenne, rue des Moulins, près de la Rue Neuve des Petits Champs, n° 546. s. d. In-4°, 29 pp (Coll. J. Villette, Lille).

places fortes entraînait moins de déplacements que les missions aux armées.

Revenu à Paris (1), Hentz reprit sa place parmi ses collègues et fit partie du Comité de législation. Il ne semble nullement inquiet des accusations qu'on porte contre lui à Sedan ; au contraire, il est certain du triomphe définitif de la Montagne, et se croit lui-même de l'importance. Dans une lettre (2) écrite de Paris le 29 juin à la municipalité de Sierck, on remarque une grandiloquence naïve ; non seulement son style sobre, presque classique, a fait fait place aux redondances révolutionnaires, mais on dirait qu'il veut « épater » ses concitoyens. Après avoir commencé, le 28 juin, sa lettre par : mes *chers* concitoyens, il se reprend, le 29, et leur donne simplement le titre : mes concitoyens. « Le règne des intri-« gants est fini, dit-il. La Constitution est faite, toute « populaire ; peut-être y aura-t-il des troubles aux « assemblées primaires quand on votera son accep-« tation. Mais il faut l'accepter, car c'est le seul point « de ralliement. » La paix approche ; mais, en attendant, si l'ennemi redevient menaçant, Hentz fera secourir Sierck. Et son post-scriptum nous apprend qu'il avait pris place au Comité de législa-tion, où il travaillait au Nouveau Code.

« Hier nous avons fait une loi pour les vieillards, « les infirmes et les femmes enceintes. La semaine « prochaine nous décréterons l'instruction publique. « Nous nous séparerons bientôt, après avoir fait le « bonheur d'un peuple libre. »

(1) Son domicile était en 1793 et 1794, rue d'Angevilliers, n° 5.
(2) Original. Coll. Florange.

Un rapport de Hentz, à propos des donations, fut imprimé par ordre de la Convention (1).

On trouve dans cette brochure des idées singulières, l'auteur semble un précurseur des théories collectivistes modernes. Il se propose de « faire disparaître l'extrême inégalité des fortunes sans nuire à ceux qui possèdent légitimement ». Il émet des idées qui semblent d'actualité, si on songe aux discussions sur la ploutocratie américaine : « dans une République, la propriété a des limites ». Il propose de limiter à « mille quintaux de blé de revenu » la fortune au delà de laquelle on ne pourra plus hériter ni recevoir par donation. Le raisonnement a peu de poids ; car les milliardaires américains ont presque tous acquis leur fortune tout autrement. Hentz veut faire du nouveau, et il ne s'aperçoit pas qu'il est resté lui-même imbu de l'ancien régime, avec ses deux seuls systèmes d'acquisition de la propriété (Donation, héritage, c'est-à-dire système féodal).

En passant, il répète de vieux arguments contre « les célibataires, ces parasites », les accapareurs, les prêtres, etc. Mais il affirme que « ce maximum semblera encore trop élevé à nos descendants, quand ils auront pris les mœurs vraiment républicaines ».

La Convention avait pourtant trouvé ce rapport digne d'être imprimé aux frais de la Nation ! Nous retrouvons ici cette influence digne de remarque ; Hentz, autrefois juriste et logicien impeccable, paraît

(1) Exposé des motifs qui ont déterminé les bases adoptées sur les donations entre vifs & à cause de mort. Petit in-8° de 12 pp. Arch. nat., AD XVIII°, 38. Paris, s. d. (1793).

entièrement changé par l'amphigourisme rêveur de la Montagne. D'ailleurs, les conventionnels, qui tripotèrent tous plus ou moins, les Montagnards plutôt plus, et qui, même en mission, menaient une existence nullement patriarcale, étaient très loin de ces « mœurs vraiment républicaines » que Hentz souhaitait à leurs descendants. Mais des brochures de ce genre, répandues dans les provinces, faisaient contrepoids à ce qu'on chuchotait déjà sur les débauches et les prodigalités de ces vertueux législateurs.

Perrin et Massieu, puis Calès, avaient remplacé les anciens commissaires à l'armée des Ardennes. Le 6 juillet, Perrin et Massieu écrivent de Sedan au Comité de Salut public une lettre très curieuse, sorte de rapport sur la situation politique du pays, où les les esprits étaient loin d'être calmés. D'après eux, le Comité de Salut public de Mézières était visiblement sorti de la ligne de ses devoirs. Quant à l'administration du département, elle ne contenait guère que deux ou trois suspects. Mais ces deux corps avaient lutté entre eux à coups de placards injurieux, et cela avait produit un effet déplorable. Quant au Comité de surveillance de Sedan « il se compose en réalité du seul citoyen Maugue (sic), qui prend des arrêtés à sa fantaisie ». Suit le récit de l'affaire des femmes obligées pour sortir de porter la cocarde nationale. En fin de compte, les représentants excusent Hentz, qui a toléré les agissements de Mogue ; parce que c'est un homme qui peut rendre de grands services, et eux-mêmes le conservent en fonctions, après l'avoir réprimandé et lui avoir recommandé de s'en tenir exclusivement à son rôle de surveillance.

Six mois plus tard, Calès, accusé d'avoir « avili » la conduite de Hentz et de Laporte, répondit par une brochure à une brochure qu'une « société populaire » répandait ; il prenait à témoin les officiers de la Garde nationale de Sedan. Comme un citoyen se plaignait de quelques propos de Hentz, Calès aurait répondu : « Nos prédécesseurs sont venus dans un moment difficile, alors que nos armées en déroute laissaient nos frontières ouvertes. Ils ont réveillé le peuple... »

Hentz cependant, après avoir pendant un mois collaboré aux travaux législatifs de la Convention, devait reprendre sa route vers les armées, et cette fois son rôle s'élargit encore, il prit des déterminations personnelles extrêmement graves, et nous verrons son intervention déchaîner une séance orageuse à la Convention.

CHAPITRE IV

La plus grosse partie se jouait dans le Nord (1).
L'effort principal des ennemis se portait vers cette
frontière. Le duc d'York, à la tête d'une puissante
armée anglaise, avait établi son camp à peu de
distance de Dunkerque. Il avait adressé des somma-
tions à la place ; mais il temporisait, comptant
surtout sur les intelligences qu'il s'y était ménagées.

Hentz et Duquesnoy étaient déjà le 20 août à
Arras, d'après la lettre du Comité de Salut public
adressée le 3o août 1793, à ces deux représentants
près l'armée du Nord (2).

Le 21 août 1793, la Convention nationale rappelle
dans son sein le citoyen Le Bas, représentant du
peuple près l'armée du Nord, et le remplace par le
citoyen Hentz, lequel se met immédiatement en
route. Nous ne le retrouvons cependant dans le Nord
que le 29 août ; il était alors à Cassel. En effet,
le 3o août, Duquesnoy et Hentz adressent de cette

(1) Commandant V. Dupuis. La campagne de 1793 à l'armée du
Nord et des Ardennes. t. I : de Valenciennes à Hondschoote, et t. II :
de Hondschoote à Wattignies. 2 vol. in-8°.
(2) Charavay. Lazare Carnot, t. III, p. 65.

localité, au Comité de Salut public, copie d'un arrêté qu'ils avaient pris la veille portant qu'il sera tiré provisoirement de Saint-Omer 23 milliers de poudre. Ils adressent trois états de situation des places de Boulogne et de Calais.

Puis Hentz va rejoindre ses collègues à Dunkerque, d'où le 31 août, lui, Collombel et Duquesnoy adressent au Comité copie de la lettre qu'ils ont envoyée par un courrier extraordinaire au général Houchard, relative aux mesures à prendre pour la défense de la place de Dunkerque et de celle de Bergues. Cette attitude peut paraître extraordinaire ; car Houchard, commandant en chef, n'avait pas, semble-t-il, d'ordres à prendre de députés qui ignoraient tout de la région, où ils venaient d'arriver. Mais il ne faut pas oublier que les commissaires apportaient au nom du Comité de Salut public, des ordres préparés par Carnot, et qu'il était nécessaire de stimuler le zèle de Houchard, dont l'initiative devenait par suite inutile.

Houchard avait auparavant commandé l'armée de la Moselle, en remplacement de Custine, et ses succès y avaient été médiocres. Soldat intrépide, il manquait de capacités stratégiques. Une des mesures principales recommandées par les Commissaires était le changement des garnisons de Dunkerque et de Bergues. Les petites villes du Nord s'étaient jusque-là fort mal défendues ; les garnisons avaient montré peu de courage ; Trullard et Berlier avaient écrit au Comité que les progrès de l'ennemi étaient dus principalement à la lâcheté des officiers qui rendaient les places presque sans combattre.

Une mesure révolutionnaire avait accru, juste à ce moment, dans une grande mesure, les pouvoirs des commissaires : le 29 août 93, la Convention nationale, après rapport du Comité de Salut public, décrète que « les représentants du peuple en mission près les armées pourront prendre seuls des arrêtés, s'ils ont pris auparavant, en commun, un arrêté justifiant la nécessité de se séparer ». C'était un pouvoir dictatorial, mais c'était répondre à de singulières propositions qui, à la Convention même, avaient essayé de jeter la défaveur sur les représentants en mission. Un membre avait proposé de les rendre responsables des échecs subis par les armées ! On n'avait même pas mis ce singulier projet en discussion : les commissaires, devant communiquer d'une manière incessante avec le Comité de Salut public et la Convention, pouvant à tout moment être rappelés, ne pouvaient être responsables que de leurs actes.

D'après une lettre de Levasseur et Bentabole, écrite de Lille le 3 septembre au Comité de Salut public, Hentz et Duquesnoy devaient être à Cassel : ils ne tardèrent pas à se séparer ; car Hentz écrit seul au Comité, de Gravelines, le 7 septembre : « Pen- « dant que nos collègues Trullard et Berlier sont à « Dunkerque, que Bentabole, Levasseur et Delbrel « accompagnent le général Houchard, je m'occupe de « l'armement et de l'approvisionnement des places « voisines que l'ennemi semble menacer. Je suis pres- « que sûr que Dunkerque sera sauvé, mais si mal- « heureusement il ne l'était pas, Gravelines serait « assiégée. Cette place a une superbe défense, qu'il « ne faut pas négliger ; elle est en bon état. J'irai de

« suite à Calais et dans toutes les places de première
« ligne, où l'on montre de l'inquiétude occasionnée
« par le zèle, car le peuple est excellent dans les
« villes : Dunkerque le prouve. Après que nous
« avons eu chassé environ deux cents prisonniers,
« tant étrangers qu'extrêmement suspects, et épou-
« vanté les traîtres par des mesures qui les ont fait
« taire, le peuple de cette ville montre une ardeur
« incroyable à la défense de ses murs ; il couche sur
« les remparts, et vaut une nouvelle garnison.

« Nous nous louons bien d'avoir fait changer l'an-
« cienne garnison. A présent on se bat, on se défend
« de manière à faire changer aux Anglais de langage
« et de système. J'espère que demain vous appren-
« drez sa délivrance. Houchard prend l'ennemi sur
« les derrières, et le saboule d'importance.

« Je vous envoie le bulletin de la sortie vigoureuse
« faite hier par la garnison de Dunkerque, tandis
« que les habitants gardaient les murs. Il est éton-
« nant comme l'esprit public s'est ravivé dans cette
« place... »

L'original de cette lettre est perdu ; mais, d'après
l'analyse conservée au Ministère de la guerre (1), Hentz
annonçait de plus que nous avions eu 150 blessés.
Une autre analyse (2) montre que Hentz se plaignait
de l'égoïsme des campagnards, qui l'oblige à prendre
des mesures sévères pour approvisionner les places.
Or, les comptes rendus de la Convention ne repro-
duisent pas cette lettre, et le Moniteur n'inséra pas le

(1) Armée du Nord et des Ardennes.
(2) Arch. nat. A F. II 241.

nombre des blessés, ni les critiques de Hentz sur la conduite des paysans. C'étaient des nouvelles qu'on ne voulait pas publier, sans doute pour éviter le découragement, à un moment où l'on s'occupait de la levée en masse — et aussi, peut-être, pour que les campagnards des autres régions ne fussent pas tentés d'imiter ceux du Nord.

Le 7 septembre, Trullard et Berlier écrivent au Comité que depuis 4 jours ils sont à Dunkerque ; le lendemain la victoire de Hondschoote délivrait cette place. Dans la nuit du 8 au 9, les Anglais, sentant la partie perdue, abandonnèrent leur camp, où le 10, Trullard, Hentz et Berlier trouvèrent 150 pièces de canon, environ 500 barils de poudre, du fourrage, du bétail, etc. « Dix mille hommes poursuivent l'ennemi », écrivaient-ils au Comité de Salut public ; de là, Hentz et Berlier allèrent s'assurer du bon état de la place de Bergues. Ils furent satisfaits, non seulement au point de vue militaire, mais ils trouvèrent « l'esprit public prodigieusement fortifié par l'expulsion des aristocrates ».

Le 13 septembre, revenus à Dunkerque, ils annoncent la délivrance : « Les Anglais retournent chez eux. Tout le butin fait sur l'ennemi est rentré, et en sûreté, car nos braves défenseurs ne le laisseront pas reprendre ».

« Nous avons oublié de vous parler dans nos pré-
« cédentes de l'excellente et intrépide conduite qu'a
« tenue la gendarmerie nationale à pied, tant à
« Hondschoote que devant Dunkerque. C'est en se
« battant en héros que ces braves gens répondent

« aux inculpations qui leur furent faites autrefois (1)».

Le Comité répond par des éloges.

Un incident malheureux ne devait pas tarder à montrer l'opposition entre les chefs militaires et ces commissaires qu'on leur envoyait porteurs d'ordres : le 15 août 93, le Comité de Salut public avait délégué à l'armée du Nord François Deschamps et Bécard « pour s'y procurer des renseignements sur l'état des places, sur l'état de l'armée et celui de l'ennemi ».

Ils y allèrent comme « commissaires du pouvoir exécutif ». L'un d'eux, Deschamps, était fort jeune, infatué de son importance, peu mesuré dans ses paroles. Le jour même où les Français prirent possession du camp abandonné par les Anglais devant Dunkerque (10 sept.), Deschamps se prit de querelle, devant les troupes, avec le général Landrin, commandant le corps d'armée chargé par Houchard de l'action sur Dunkerque — et qui était arrivé après la bataille. Landrin prit fort mal les observations, présentées sur un ton impérieux, et fit expulser par ses soldats le jeune commissaire, qui s'empressa d'écrire à Trullard, Berlier et Hentz, alors à Bergues, pour leur exposer à sa façon « les détails de sa querelle avec le général Landrin ».

Revenus de Bergues le 13 septembre, les représentants prirent parti pour Deschamps ; ils transmirent sa lettre au Comité de Salut public, en y joignant leur dénonciation : « le lendemain de la déroute de

---

(1) Charavay. Carnot III, p. 242. — Aulard, VI. 464. — Moniteur du 15 sept. 1793.

« l'ennemi, quand ils allèrent au camp pour faire
« transporter dans la ville les canons, caissons, etc.,
« ils virent au milieu du chemin une foule tumul-
« tueuse venir à eux : c'était le général Landrin qui
« faisait traîner devant lui, comme un criminel, le
« citoyen Deschamps, commissaire du Conseil exécu-
« tif qu'il avait fait désarmer et démonter. »

« Quand même ce jeune homme aurait rempli sa
« mission avec morgue et inconsidérement, il faut le
« soutenir, c'est une question de principe... Nous
« aurions déjà destitué Landrin si nous savions
« comment le remplacer..., il vaut mieux sacrifier un
« homme que de désorganiser la représentation
« aux armées. » Puis ils recommandent Carrion, qui
est à Bergues, et qui est un vrai sans-culottes (1).
Malgré cette hésitation, Trullard et Berlier, le même
jour, finissent par suspendre Landrin ; ils joignent à
leur lettre leur arrêté aussi signé de Hentz, qui semble avoir joué le rôle modérateur jusqu'au bout.

Landrin réclama vivement contre les allégations de
Deschamps et contre sa suspension. Il adressa au
Comité une longue justification. D'ailleurs le rôle
de certains commissaires était très sujet à critiques :
Houchard écrivait au Comité le 7 septembre, à propos
de Souham, autre général accusé de mollesse : « Je
« voudrais que vous fussiez ici près des généraux
« pour voir combien leur tâche est difficile ; personne
« n'ose plus accepter la responsabilité de commander
« une opération ».

(1) Charavay. Carnot t. III, p. 137.

Certes il devait être bien difficile, dans de semblables conditions, d'obtenir même un semblant de
discipline : les représentants, sans relâche, boulever-
saient les cadres. Le 15 septembre, par une lettre
écrite de Cassel au Comité de Salut public, Hentz et
Duquesnoy signalent le mouvement de l'ennemi vers
Furnes et Ostende : ils vont s'occuper de la réforme
des abus et de la suspension d'une foule d'officiers
lâches et même royalistes. Le succès de Dunkerque
n'est dû « qu'à la valeur des soldats ; les négociants
« et les riches de cette ville tiennent le langage de
« Brissot et laissent voir qu'ils aimeraient mieux être
« Anglais que républicains. »

Les dénonciations, les renseignements contradictoires s'entremêlaient à ce point, que les commissaires
en arrivaient à défaire ce qu'ils avaient fait la veille.
Le 13 septembre, Trullard et Berlier avaient nommé
Carrion à la place de Landrin ; le 15 suivant, Trullard
Berlier, Hentz et Duquesnoy écrivent de Dunkerque
au Comité : « Nous avons nommé provisoirement
« Carrion, général, en remplacement de Landrin ;
« nous vous prions de ne pas donner suite à notre
« nomination, car nous avons changé complètement
« d'opinion sur Carrion. Duquesnoy nous a donné
« de très mauvais renseignements sur son compte...
« Il a emprisonné un patriote de Bergues, ne l'a mis
« en liberté que sur les ordres exprès de Hentz et
« Duquesnoy... Malgré des ordres exprès des mêmes,
« il a gardé près de lui Foucault, intrigant, vagabond,
« officier de ligne, soi-disant envoyé pour mission
« secrète par Houchard... Quand on a proposé diffé-
« rents noms pour remplacer Landrin, il les a écarté

« tous sous différents prétextes, et ainsi a forcé la
« main pour sa nomination... » (1).

On s'explique ainsi l'attitude de Hentz : ne sachant
à qui entendre, persuadé que tous ces généraux intri-
guent les uns contre les autres, et qu'ils se valent, il
aurait voulu conserver Landrin en attendant la grande
épuration qu'il méditait.

Le même jour, Berlier et Trullard écrivaient que
l'ordre était rétabli entre Furnes et Dunkerque depuis
que Carrion y avait pris le commandement ! On ne
jugeait pas les hommes d'après leurs actes, mais
d'après les « renseignements » !

Hentz avait voulu faire mieux ; il avait le 5 septembre pris à Cassel divers arrêtés pour établir un
tribunal militaire (2). De plus un arrêté extraordinaire,
pris avec Levasseur, permettait de déférer immédiatement à ce tribunal les gens suspects. « L'ennemi
« connaît toutes nos démarches, disait Hentz, parce
« qu'il y a dans ses rangs beaucoup d'émigrés qui
« ont des correspondants à Dunkerque et dans les
« autres villes... il faut décourager les traîtres ; la
« mollesse à punir les audacieux a causé tout le mal...
« Avec des mesures énergiques, Dunkerque sera
« dégagé... Après cet événement, la Convention
« pourra casser notre arrêté, mais il est nécessaire
« d'agir, personne ne croit plus à l'existence d'un
« code militaire, qu'on n'applique jamais... »

En fait, ce code militaire existait, mais on préférait

(1) Charavay. Carnot III, p. 149.
(2) Dupuis. T. I, p. 406.

le système des dénonciations, des remplacements brusques d'officiers : personne ne voulant prendre de responsabilité, on la rejettait ainsi jusqu'au Comité de Salut public. Il en résultait un désordre permanent, mais particulièrement grave au moment des batailles ; des soldats abandonnaient leur poste pour se livrer au pillage, laissant ainsi à l'ennemi le temps de se rallier, et les victoires demeuraient stériles (1). Le 18 septembre le Comité répondit à Hentz : « Le « Comité a vu, dans les différents arrêtés que vous « lui avez fait parvenir de Cassel le 6 de ce mois, « des mesures de salut public qu'il approuvera tou- « jours. On ne saurait trop surveiller les gens sus- « pects... »

Hentz nous apparaît donc bien supérieur à ses collègues. Il juge par lui-même ; il analyse les motifs de ses dénonciations ; s'il n'a joué qu'un rôle effacé dans cette affaire Landrin-Houchard, il se ménageait un coup de théâtre. Au même moment, il recueillait des renseignements sur l'ensemble des opérations ; il avait, sinon assisté en personne aux batailles, au moins surveillé de très près tous les mouvements commandés par Houchard. « Borné, entêté et soup- çonneux », dit Chuquet (2), il avait acquis la conviction que ce général était ou un traître ou un incapable, peut-être les deux. Quand il eut rassemblé un faisceau de preuves, il partit pour Paris, et vint conférer secrètement avec le Comité de Salut public :

(1) Hentz envoya ces arrêtés au Comité ; dans la lettre d'envoi, il se dit malade, et pourtant la lettre est entièrement de sa main.

(2) A. Chuquet. Les guerres de la Révolution.

il apportait des pièces, et surtout, ses observations personnelles. La date précise de ce voyage ne se retrouve pas dans les documents, et Hentz prit sans doute ses précautions pour que le secret fût bien gardé ; mais le 20 septembre, le Comité de Salut public décidait l'arrestation de Houchard et d'un certain nombre d'officiers supérieurs : « Le Comité « de Salut public, sur le compte qui lui a été rendu « des dernières opérations sur la frontière du Nord et « des causes qui ont empêché l'armée du Nord de « profiter de sa victoire, arrête que Houchard, Ducases, « Landrin, Dumesny, Demars, de Hédouville, Ber- « thelmy et Vernon seront sur-le-champ mis en état « d'arrestation et amenés à Paris ; charge les repré- « sentants du peuple Hentz et Duquesnoy de mettre « à exécution le présent arrêté (1). »

Hentz partit aussitôt, porteur des ordres, et, dès le 23 septembre, Hentz, Elie Lacoste et Peyssard écrivent d'Arras au Comité : « Berthelmy et Hou- « chard sont en arrestation depuis hier soir. »

La situation parut tellement grave, à la suite des révélations faites par Hentz, que le Comité de Salut public envoya Carnot, celui de ses membres qui était spécialement chargé des opérations militaires, à l'armée du Nord (23 sept.) ; et le même jour, le Comité faisait appel à toute l'énergie des représentants envoyés à cette armée, car, disait-il dans sa lettre : « C'est entre Cambrai et Péronne que notre sort à tous est fixé ».

(1) Chuquet, t. XI. p. 317 à 319 — Aulard, t. VI, p. 377 — Charavay. Carnot, t. III, p. 199 — Dupuis, t. II. — Bonnal de Ganges. Les Représentants du peuple en mission près les armées 1791-1797. Paris, 1898-99, 4 vol. in-8°, t. II, p. 73.

Cette lettre du 23 septembre est fort importante, son allure tranche avec les recommandations sèches et précises qui formaient le style habituel du Comité : la République traversait un des moments les plus critiques de son histoire.

L'arrestation de Houchard avait donné lieu à des difficultés. On procéda, pour ainsi dire, par surprise.

Houchard avait conservé des partisans : le représentant Bentabole écrivait de Lille, le 24 septembre, qu'on avait eu tort d'arrêter Houchard, et que ses collègues d'Arras avaient eu, surtout, tort de le remplacer par Duquesnoy sans le prévenir. Châles, qui avait été blessé à Hondschoote, et qui était soigné à Paris, écrivait à la même date « de son lit », qu'on avait commis deux fautes graves : l'une de rappeler Levasseur et Bentabole ; l'autre, de « désorganiser le commandement ».

Evidemment, ces deux députés, s'ils connaissaient alors les ordres du Comité de Salut public, que Hentz avait rapportés de Paris, en ignoraient les motifs. Mais leur attitude ne justifiait-elle pas les paroles de Saint-André à la Convention, quand il disait « qu'il fallait se garder des intrigants qui accusent, autant que de ceux qu'on accuse ». Les représentants près des armées étaient ainsi constamment ballottés entre deux opinions contradictoires entre lesquelles ils avaient grand peine à démêler la vérité ; et à cela se joignaient leurs petites rivalités personnelles.

Ainsi, Hentz et ses collègues avaient nommé général le frère de Duquesnoy, officier honnête, mais incapable de remplir un tel grade ; Bentabole réclame ; Duquesnoy s'empresse d'écrire au Comité, le 25 septembre, qu'il n'aurait jamais recommandé son frère pour ce grade, parce qu'il le sait incapable ! Mais cette nomination était provisoire. Le Comité de Salut public a nommé Jourdan, qui arrive et s'installe aussitôt.

Le 26 septembre Hentz et ses collègues adressent d'Arras au Comité copie de lettres trouvées dans les papiers de Houchard. Il y a là une correspondance avec Hohenlohe, qui ne laisse aucun doute sur la trahison. Les commissaires ont fait arrêter trois personnes du bureau de son état-major qui connaissaient les secrets des généraux si amis des ennemis. La lecture des papiers saisis a donné l'explication des multiples marches et contre-marches sans nécessité, ordonnées par Berthelmy, qui déplaçait un corps dès que les chefs avaient une connaissance complète du terrain. Jourdan est arrivé et installé. Hentz, Peyssard et Duquesnoy écrivent le même jour à la Convention : « le duc d'York, voyant que le soldat avait rompu les mesures prises pour nous faire hâcher à Honschoote, s'écriait : « nous sommes trahis ». Les arrestations ont terrifié les aristocrates... Les Anglais retournent chez eux... Nos volontaires ont pris beaucoup d'or et d'argent à Furnes, mais ils n'ont pas voulu le vendre à des spéculateurs qui le leur demandaient : plusieurs ont donné l'écu de 6 livres pour 4 livres 10 sous en assignats. »

Hentz ne cite pas les noms de ces héros modestes qui donnaient l'écu de 6 livres pour 4 livres 10 sous en assignats, alors qu'il valait à ce moment 5 ou 6 fois autant. C'est dommage !

Hentz, Elie Lacoste et Peyssard s'apprêtèrent ensuite à revenir à Paris. Le jour de leur départ ils allèrent au camp de Gavrelle haranguer les troupes, puis firent imprimer une proclamation destinée à être distribuée à toute l'armée du Nord. Ils motivaient, expliquaient l'arrestation ; la précaution n'était pas inutile, puisque, comme nous l'avons dit, les officiers arrêtés conservaient des partisans. D'ailleurs, Vernon, chef d'état-major de Houchard, était parvenu à s'échapper. Enfin, une nouvelle attaque de l'ennemi était à craindre. Houchard, après son arrestation, se voyant dans l'impossibilité de poursuivre son plan, avait révélé à Hentz les renseignements inquiétants qui lui étaient parvenus ; l'ennemi se portait en force du côté de Maubeuge.

Le Comité de Salut public avait pris rapidement des mesures énergiques, et nous avons vu que les renseignements fournis par Hentz avaient été utilisés ; mais à la Convention même, on n'avait été prévenu de rien. On savait le départ précipité de Carnot. On venait d'apprendre avec surprise, par une lettre de Bouchotte, ministre de la guerre, lue à la séance du 24 septembre, les changements dans le commandement de l'armée du Nord. Danton, qui n'avait voulu faire partie d'aucun comité, exerçait, à côté du Comité de Salut public, une sorte de pouvoir occulte, irresponsable et d'autant plus redoutable.

L'occasion parut bonne aux Dantonistes pour essayer de renverser le Comité de Salut public, et surtout Robespierre ; le 25 septembre, dans une séance mémorable et particulièrement orageuse, le Comité eut à défendre son œuvre tout entière contre des insinuations malveillantes, des accusations qu'on s'efforçait de rendre précises. Briez monta à la tribune pour accuser le Comité de Salut public de garder le silence, de ne pas informer la Convention des décisions graves qu'il venait de prendre ; son discours tendait à justifier Houchard, mais surtout à incriminer le Comité de vouloir restaurer le despotisme monarchique.

Barère répondit d'abord à l'interpellation par une argumentation serrée, en justifiant les mesures prises contre Houchard : malgré des prodiges de valeur, l'armée du Nord, non seulement ne recueillait aucun fruit de ses victoires, mais elle était dans une situation plus critique qu'auparavant. La dispersion des forces la mettait à la merci de l'ennemi ; les ordres du Comité avaient été méconnus, on allait au désastre : «... Dans ces circonstances, un de nos collègues d'un patriotisme prononcé, le citoyen Hentz, est venu de l'armée. Ce commissaire intègre et éclairé a confirmé tous les rapports que nous avions déjà. 30 ou 32.000 hommes avaient été commandés par Houchard ; il les divisa en trois colonnes ; l'une commandée par Landrin, qui se cacha au moment de l'action ; l'autre, dirigée du côté de la mer... donna aux Anglais le temps de se retirer ; la troisième ne vainquit à Hondschoote que par un effort de courage qui tient du prodige... nous avons destitué le général Houchard... »

Peut-être Briez était-il mal choisi pour une incrimination de ce genre, et Robespierre, dans une réponse vibrante, le lui dit durement (1). Briez, en effet,

(1) Ernest Hamel. Histoire de Robespierre. Paris, 1865-67. 3 vol. in-8°, t. III, p. 143.

avait comme représentant à l'armée du Nord, accepté
et même provoqué la capitulation récente de Valenciennes.

Barère ajoute, pour justifier le secret gardé sur
cette mesure exceptionnelle : « Le Comité a pensé que
la mesure de l'arrestation prompte et secrète répon-
drait des traîtres. Il a sur le champ fait repartir
Hentz avec un travail concerté entre le Comité et le
ministre. Ce travail a pour objet d'éloigner des armées,
par des mesures successives et prudentes, les gens
suspects... Hentz doit être arrivé hier ; il a dû procéder au changement de l'état-major. Le Comité a
cru devoir lui laisser quelques jours pour faire ces
changements sans commotion, pour ne pas imprimer
de nouvelles secousses et de nouvelles craintes à cette
malheureuse armée du Nord, qui a déjà éprouvé
quatre ou cinq trahisons... »

Barère fut écouté avec attention d'abord, avec
stupeur ensuite. On ne croyait pas, sans doute, la
situation si grave. Briez essaya vainement de répli-
quer. Dès ce moment, la partie était gagnée pour le
Comité de Salut public.

Mais Robespierre à son tour prit la parole ; dans un
remarquable discours, il souleva les applaudissements
unanimes : « Nous avons à faire, dit-il en substance,
acte de gouvernement ; or, si les actes de législation
doivent être faits publiquement, le secret est au
contraire nécessaire pour les actes de gouvernement,
sinon, nous donnerions à nos adversaires des armes
redoutables contre nous ». — Puis, il posa la question de confiance : « Si tout doit être discuté à la
tribune, à quoi bon le Comité ? Vous nous avez

choisis précisément pour prendre des décisions rapi-
des, comment pourrions-nous le faire, si nous sommes
obligés à chaque instant de venir nous justifier ? » —
Enfin, il écrase Briez de son mépris, et termine par
une menace à l'adresse des Dantonistes : « Ce représentant a-t-il oublié sa honte récente de Valenciennes ?
Si j'avais été envoyé dans cette place par la Convention, je ne serais pas ici pour justifier sa reddition.
Je n'ai qu'un mot à dire à Briez : Etes-vous mort ?....
Je dénoncerai les 3 ou 4 intrigants qui, dans le
sein même de la Convention, nous attaquent sour-
noisement... »

Malgré l'enthousiasme des applaudissements, Saint-
André crut nécessaire d'intervenir à son tour : « Nous
avions au Comité des pièces qui accusaient Houchard. Hentz arrive et les confirme. Il nous dit :
Nous aurions arrêté Houchard, si nous n'avions pas
craint que l'énergie de cette mesure n'excédât nos
pouvoirs de représentants du peuple... Devions-
nous, nous qui connaissons le patriotisme et la pro-
bité de Hentz, devions-nous résister à ses dénonciations ? Ah ! c'est alors que vous nous auriez dit que
nous soutenions les traîtres... »

L'effet produit fut énorme ; au commencement de
cette séance tumultueuse, la Convention avait paru
approuver Briez ; elle l'avait adjoint au Comité de
Salut public, par un de ces mouvements irréfléchis
que cette assemblée commit trop souvent.

Après le discours de Barère, Briez, sentant la
partie perdue, vint refuser cet honneur, mais on ne
passa au vote qu'après le discours de Saint-André, et

ce fut pour rapporter à l'unanimité le décret adjoignant Briez.

L'affaire fut portée à la Société des Jacobins. Le 25 septembre le président dit « qu'on avait découvert la trame dont Houchard (1) était le complice et peut-être le chef » — On a attaqué à la Convention le Comité de Salut public lui-même... il a fallu calomnier... »

Robespierre donna des explications sur l'affaire : « il était nécessaire qu'un gouvernement quelconque succédât à celui que nous avions détruit ». Le Comité de Salut public, d'après Robespierre, avait fait acte de gouvernement ; la Société des Jacobins ne pouvait qu'approuver cette théorie, d'ailleurs juste ; mais il nous est permis de supposer que Hentz, venant en toute hâte à Paris pour conférer avec le Comité, avait déjà fourni cet argument. Il n'était pas d'un caractère à se contenter du rôle d'instrument, de policier ; lui qui suggérait à Carnot l'idée d'un plan militaire d'ensemble, avait dû parler le premier de cette nécessité d'agir, et d'agir comme « gouvernement ».

D'après le compte de ses dépenses, remis à la Convention le 23 pluviôse an III, Hentz avait reçu pour sa mission à l'armée du Nord, du 21 août au 7 septembre 1875 livres ; il avait avancé 320 livres à Duquesnoy. L'arrestation de Houchard avait coûté 1306 livres !

---

(1) J.-N. Houchard, né à Forbach le 24 janvier 1738, fut guillotiné le 16 novembre 1793 (27 brumaire an II).

CHAPITRE V

Le rôle de Hentz était fini dans le Nord ; d'ailleurs, un décret de la Convention fixait à un maximum de deux mois les missions des représentants, et, en pratique, on les abrégeait. Hentz, revenu à Paris avec les documents saisis dans l'affaire Houchard, était, dès le 1er octobre, en relations journalières avec le Comité de Salut public. A cette date, le Comité propose à la Convention de l'envoyer en Vendée, afin de « concerter avec les représentants du peuple et le général en chef toutes les opérations nécessaires pour terminer dans cette campagne la guerre contre la Vendée et rapporter promptement le résultat au Comité de Salut public (1) ».

La Convention, par un décret du 4 octobre (17 vendémiaire an II), approuva cette proposition.

Prieur de la Côte-d'Or avait été nommé en même temps que Hentz. Ils étaient investis à cette occasion de pouvoirs extraordinaires : ils pouvaient tirer des caisses publiques les sommes dont ils auraient besoin,

---

(1) Aulard. VII, p. 182. — L. Prudhomme, Histoire générale et impartiale des erreurs, des fautes et des crimes commis pendant la Révolution française à dater du 24 août 1787. Paris, 1797. 6 tomes in-8°, t. VI, p. 543.

et toutes les autorités constituées étaient tenues d'obéir à leurs réquisitions (1).

D'après une lettre de Prieur à la Convention, du 5 octobre, Hentz était déjà, à cette date, à Tours, « pour s'assurer de l'état des choses ». Les ordres du Comité suffisaient donc à ces deux représentants qui n'avaient pas attendu le décret de la Convention, où un changement considérable s'était produit.

Les Girondins avaient été décrétés d'accusation le 3 octobre. La mission acceptée par Hentz et Prieur leur avait permis de ne pas prendre part aux débats de cette séance orageuse, et la précipitation de leur départ pourrait s'expliquer comme une habileté. La Montagne triomphait, sans doute ; mais Hentz, grand parleur, n'aimait pas à prendre des responsabilités directes. Peut-être prévoyait-il, dès ce moment, la réaction inévitable ; en tout cas, il put dire plus tard « qu'il n'avait envoyé personne à l'échafaud », et son abstention à ce moment lui sauva peut-être la vie le 9 thermidor.

Le 6 octobre 1793, Hentz est à Saumur. Il annonce à la Convention la prochaine arrivée du général Léchelle en Vendée ; il va, de concert avec Prieur (de la Côte-d'Or), membre du Comité de Salut public, et les généraux prendre les mesures les plus rigoureuses pour exterminer les brigands. Saumur est dans un bon état de défense (2).

Hentz et Prieur n'avaient donc pas perdu de

(1) Caffarel. Prieur de la Côte-d'Or. Dijon et Nancy, 1900. In-8°, p. 133.

(2) H. Wallon. Les Représentants du peuple en mission (1793-1794). Paris, 1890, t. V, p. 166.

temps ; mais ils étaient arrivés à point pour retarder l'exécution de certaines mesures ultrarévolutionnaires de Carrier. Ce dernier « voulait faire des exemples terribles pour intimider les malveillants » et il écrit le 7 octobre, de Nantes, au Comité de Salut public : « l'arrivée de nos collègues Prieur et Hentz, et du général Léchelle, me fait différer ces salutaires mesures. Ils m'ont délégué le soin d'aller présenter et installer le nouveau général à l'armée... Mes collègues Prieur et Hentz vous rendront compte de la confiance que nous avons eue ici... (1) »

Ces collègues ne restèrent pas longtemps près de Carrier : cet homme leur parut-il doué de toute l'énergie nécessaire « pour terminer dans cette campagne la guerre contre la Vendée », ou voulurent-ils éviter de s'associer aux « mesures salutaires » du farouche terroriste ?

Dès le 10 octobre ils étaient rentrés à Paris ; leur rapport au Comité de Salut public ne se trouve pas dans les documents, mais il dut être favorable à Carrier. Ils reçurent chacun 1800 livres pour leurs frais de voyage, que le Comité leur accorda le 25 octobre (2).

Cependant, si Hentz avait quitté la Vendée, il ne tarda pas à s'y faire représenter par des gens à lui, qu'il avait su apprécier pendant sa mission dans les Ardennes : le 21 octobre, le Comité de Salut public « d'après les témoignages favorables qui lui ont été donnés par le représentant du peuple Hentz du

(1) Le comte Fleury. Carrier à Nantes, 1897, p. 56. — Wallon, p. 169.
(2) Caffarel. Prieur de la Côte-d'Or. Dijon, 1900, p. 133.

patriotisme et de l'intelligence des citoyens Mogue et Barreau, et après avoir examiné les titres dont ils sont porteurs ; vu la nécessité d'envoyer près l'armée de l'Ouest et dans les départements circonvoisins des républicains zélés et énergiques qui puissent y propager les bons principes et contribuer à terrasser les royalistes, les aristocrates... arrête que les citoyens Mogue et Barreau se rendront sans délai à Saumur... avec 1500 livres chacun pour leur premier déplacement (!) ».

Hentz n'oubliait pas ses amis. Lui-même est à ce moment investi de la confiance absolue du Comité Salut public qui, le 19 octobre 1793, arrête (1) que Hentz, Bô et Coupé (de l'Oise) seront envoyés en mission à l'armée des Ardennes, spécialement pour y épurer les autorités constituées ; ils remplaceront Massieu, Calès et Perrin, rappelés à la Convention ; et, le même jour, par un arrêté supplémentaire, écrit de la main de Robespierre, le Comité décide que « Hentz se transportera aussi à l'armée de la Moselle pour prendre connaissance de l'état de cette armée et en instruire le Comité de Salut public ; le citoyen Hentz prendra toutes les mesures que les besoins pressants de la patrie exigeront. »

La Convention ratifie le même jour cette proposition.

Cependant Hentz n'alla pas immédiatement à l'armée des Ardennes. Une mission plus pressante lui fut confiée. La victoire de Wattignies (16 octobre 1793) avait délivré Maubeuge ; mais la place était,

(1) Prudhomme, t. VI, p. 543.

d'après le rapport (18 octobre) de son collègue, le
représentant Bar, dans une situation « effrayante ».

L'armée était aussi désorganisée. Les Commissaires
avaient pris vingt arrêtés pour l'approvisionnement
et la sûreté de Maubeuge ; et, Bar se trouvant seul,
la tâche lui paraissait au-dessus de ses forces. Il
demandait au Comité de Salut public qu'on lui
adjoignit un autre représentant. Par le retour du
courrier, le 20 octobre, le Comité de salut public
« arrête que Hentz, représentant du peuple, se rendra
sans délai à Maubeuge pour y prendre toutes les
mesures de salut public exigées par les circonstances
relativement aux autorités civiles et militaires. Il est
investi à cet effet des mêmes pouvoirs que les autres
représentants du peuple envoyés près des armées et
dans les départements. »

Hentz, à ce moment, devait être en route pour les
Ardennes. Dès le 23 octobre il envoyait à la Société
des Jacobins copie d'un arrêté par lequel il venait de
destituer le Directoire du département des Ardennes
et le Conseil général. Il le faisait précéder d'une sorte
d'avertissement : «... On trouvera dans cette pièce des
signes caractéristiques de trahison, applicables à plus
d'une administration de la République... » Il détaille
en effet : « Les représentants du peuple, envoyés près
l'armée des Ardennes, et spécialement chargés d'épurer les autorités constituées ; vu les dénonciations à
la Convention nationale par les Sociétes populaires
de Sedan, Mouzon, Givet, Philippeville et Montmédy,
et d'après les renseignements pris par les bons
citoyens, d'où il résulte... que les gens suspects ne
sont pas mis en état d'arrestation ; qu'ils ont fait

mettre en liberté, par leurs intrigues, ceux qui avaient été enfermés par les Comités de surveillance :

Arrêtent que le Directoire du département des Ardennes et le Conseil général du même département sont destitués de toutes fonctions administratives...

Requièrent le commandant de la force armée du même département de les mettre sur le champ en arrestation... »

Hentz était membre de la Société des Jacobins depuis le 28 septembre 1792. Il n'avait paru que fort rarement aux séances, puisqu'il avait été en mission. Mais il était en relations étroites avec Robespierre qui était l'âme de cette Société, et il est impossible de ne pas remarquer l'importance des missions qui lui furent confiées alors ; fait peut-être unique, on l'envoie à la fois à trois armées ! Il sut se montrer à la hauteur des circonstances ; car on le trouve, pour ainsi dire, partout en même temps, et il est difficile de le suivre dans ses déplacements. Il est probable qu'il voyageait la nuit, dormant dans sa chaise de poste.

Il est à Mézières, le 25 octobre. Hentz, Bô et Coupé confirment au Comité de Salut public qu'ils ont destitué et mis en arrestation les membres de l'administration départementale des Ardennes « qui dirigeaient l'esprit public vers le modérantisme ». Ils ont établi à Mézières un Comité révolutionnaire. Mais ils sont inquiets pour les subsistances : « il faudrait des mesures énergiques pour forcer les cultivateurs à répandre leur superflu dans la Société. »

Le 25 octobre, Hentz et Bô autorisent par arrêté leur collègue Coupé, malade, à rentrer à Paris, alors qu'il était à peine arrivé à Mézières. C'était légal, d'après les pouvoirs extraordinaires que la Convention avait accordés, comme nous l'avons dit, à ses membres en mission.

Ce même jour, (25 octobre) Duquesnoy écrivait de Maubeuge (1) : « envoyez-moi ici un collègue pour travailler révolutionnairement ; notre collègue Bar y est, mais il est malade, et il faut ici des personnes bien vigoureuses. »

Dès le 26, Bar écrit une longue lettre sur les difficultés d'habillement et termine en disant : « Nous avons pris, avec mon collègue Hentz, des mesures relatives à la propagation de l'esprit public, et nous nous proposons encore d'en prendre d'ultérieures dont nous vous rendrons compte incessamment. »

Nous apprenons bientôt par une lettre du 29 octobre 1793 au Comité (2) la nature de ces mesures : Bar et Hentz ont chassé de Maubeuge 60 contre-révolutionnaires avec leurs femmes et leurs enfants ; ils ont réduit la municipalité et le Conseil général à douze membres ; car ils n'ont pas trouvé davantage de patriotes. Ils ont établi un comité révolutionnaire, qui recherchera les suspects, et une commission militaire qui jugera et condamnera les traîtres. « Le peuple est très froid dans ce pays-ci..., mais il deviendra bon quand il n'y aura plus d'intrigants... L'ennemi a peur, il reste dans ses repaires des forêts, où il se terre, armé jusqu'aux dents... Nous travaillons à dénouer l'inextricable affaire de Drouet, notre collègue... cela s'est fait malgré le général Ferrand,

(1) De Mézières à Maubeuge la distance est d'une vingtaine de lieues.

(2) Charavay. Carnot, t. III, p. 420.

qui s'y opposa formellement... Il est très vraisemblable que Drouet a été livré indignement. »

Dans une lettre séparée du même jour, Hentz demande qu'on envoie près de Jourdan « un homme pour se charger de la partie secrète... celui qui est près de Jourdan s'appelle Aubert ; il faudra que celui qui viendra soit chargé de la destitution de cet homme. Mon collègue Bar est nécessaire ici... il désire le citoyen Bézard, qui est un montagnard. Il se vante peu et travaille beaucoup. Gardez-vous bien de suspendre Ferrand... Jourdan en est content, et on lui ôterait un moyen en l'ôtant ; car il y a disette de généraux .. notre collègue Du Bois n'a pas fait grand bien ici : vous le savez, c'est un *homme d'Etat*... Il est évident qu'on a monté la tête à Drouet pour lui conseiller de partir, parce qu'il aurait gêné... il ne faisait pas bon dans la ville depuis le blocus ; il s'était fait deux épais plastrons de carton sur la poitrine... ni lui ni ceux qui l'accompagnaient ne se sont défendus, quoi qu'il fût armé jusqu'aux dents... »

Hentz propose, pour secrétaire particulier de Jourdan, un nommé Desloriers, qui rendra des services ; car Jourdan, bon général, est un médiocre politique qui est incapable de discerner les intrigues. De plus, on pourrait intervertir Ferrand et Duquesnoy ; cela mettrait chacun à sa place.

Le Comité répond en affirmant de nouveau à Hentz toute sa confiance : « Frappez sans ménagement ; vous serez soutenu par tous les patriotes. »

Rappelons en passant que « l'inextricable affaire Drouet » donna lieu à de longues négociations diplomatiques. Drouet avait pris sur lui d'aller en parlementaire trouver le général ennemi ; mais il avait franchi, en armes, les lignes, et avait été fait prisonnier. On invoquait en sa faveur le droit des gens.

Nous retrouvons, quelques jours après, Hentz dans les Ardennes. Un changement important avait eu lieu : le 22 octobre Hoche, chef d'état-major de l'armée des Ardennes, avait été promu général de division et mis à la tête de l'armée de la Moselle par le Comité de Salut public. Rien ne donne mieux la mesure de la confiance dont jouissait Hentz, que cette lettre du ministre de la guerre Bouchotte au général Hoche : « Si vous aviez besoin de quelques bataillons des Ardennes en remplacement [de troupes qu'on lui ordonne de déplacer] écrivez-en au représentant Hentz qui fera certainement de son mieux pour vous seconder... (1) »

Hentz était alors à Maubeuge ; Carnot, répondant à Duquesnoy le 3 novembre, lui disait : « Comme tu nous demandes un collègue, nous écrivons à Hentz, qui est à Maubeuge, de se joindre à toi. Le Comité étant en ce moment réduit à cinq membres, Carnot n'a pu quitter... »

Toutefois, avant de se rendre à Dunkerque, Hentz avait fort à faire à l'armée des Ardennes ; l'impéritie de certains officiers généraux était notoire ; il se souvint de son succès dans l'affaire du général Houchard ; se sentant d'ailleurs soutenu par le Comité de Salut public, il multiplia les actes de rigueur.

Le 2 novembre, avec son collègue Massieu, il accompagne à l'armée le général Jourdan, qui entre-

______

(1) Charavay. Lazare Carnot, t. IV, p. 31.

prend un mouvement de diversion propre à inquiéter l'ennemi ; dès le 3 novembre, les deux représentants adressaient de Mézières leur rapport au Comité de Salut public : « Nous avons eu la douleur de voir à la tête de la troupe campée devant Givet un homme dont l'incapacité a été préjudiciable à la République... C'est un bon patriote, nous l'avons envoyé à Verdun, pour commander cette place, où règne le plus mauvais esprit... Nous avons mis à sa place le citoyen Sistrière... Hentz vous donnera des renseignements sur lui et sur d'autres qu'il faut avancer à la place d'hommes ineptes... Nous avons laissé notre collègue Bô à l'armée... L'ennemi fait une retraite bien ordonnée... Le département des Ardennes avait tellement comprimé le patriotisme et favorisé l'aristocratie que les villes de Sedan, Mézières, Givet et Philippeville étaient vendues à Cobourg ; nous en avons tous les indices. Tout a changé depuis l'arrestation de ces fédéralistes. Les patriotes sont très énergiques... Bientôt nous destituerons les administrateurs du département de la Meuse et de la Marne, aussi fédéraliste... L'école du génie est ici une école d'aristocratie. Nous avions jeté les yeux pour remplacer le chef sur le commandant de Rocroy, ingénieur très éclairé... Rocroy est d'avis de transférer l'école à Paris, avec tous les plans précieux de Vauban... que l'instruction là sera nationalisée. » Hentz etait personnellement favorable à ce transfert, suivant en cela les idées qui dominaient à la Convention : on voulait une nationalisation, c'est-à-dire une centralisation excessive ; on copiait l'organisation romaine, faisant de la France entière une sorte de grande banlieue de Paris.

Le 6 novembre 1793 Bô et Hentz sont à Sedan ; ils ont fait une excursion à Chimay, aux forges du district de Couvin, etc.

Ils ont pris des mesures vigoureuses pour ne laisser en place aucune autorité constituée entachée du moindre soupçon d'incivisme. Ils vont renouveler presque toutes les municipalités des campagnes, pour en exclure « les hommes de loi et autres scribes ».

Hentz revient souvent sur cette idée que les « hommes de loi » perdent la République ; il avait assez vécu au milieu d'eux pour les bien connaître. Mais n'est-il pas piquant de voir cette proscription des « hommes de loi » réalisée par l'un d'eux ? C'est toujours la nature humaine : une fois monté, on tire l'échelle. Les hommes de loi avaient fait la Révolution ; mais derrière les parvenus, une armée d'arrivistes de second ordre se dressait, les dents longues. Ceux qui, à ce moment-là, étaient dans la place, préféraient à ces gêneurs les « hommes à tablier » dont Hentz fait souvent l'éloge dans sa correspondance. Ce qui veut dire qu'avec ces gens frustes on se sentait à l'aise, on ne craignait pas d'être supplanté.

Hentz continue à épurer : le 9 novembre, il écrit de Sarrebruck que le général Lequoy, commandant d'une division de la Moselle, est « inepte » — le 12 novembre il le fait suspendre (1). Le 16 novembre, c'est le général Elie qui est remplacé par Murat-Sistrières dans le commandement de la frontière des

(1) Pétition à la Conv. nat. par le citoyen Lequoy, général de division à l'armée de la Moselle, suspendu par les représentants Soubrany et Richaud. Paris, s. d. in-4°, 4 pp. — Aulard, t. VIII, p. 316.

Ardennes (1). Le même jour, le vicaire général de l'évêché de la Meuse, Desaulx, est arrêté à Verdun (2).

Hentz envoie le 18 novembre (28 brumaire) de Mézières au ministre Bouchotte un très intéressant rapport sur des généraux qu'il a cru devoir destituer comme traîtres ou qu'il juge incapables de commander (3). Le lendemain il destitue, étant à Sedan, le garde-magasin Tolozant Saint-Alban à Verdun, qu'il remplace par le citoyen Salmon, secrétaire de district de Montmédy (4).

Le 20 novembre il installe le général Ferrand comme commandant de la division, à Maubeuge. L'armée des Ardennes devait être réduite, on demandait 15.000 hommes pour l'armée de la Moselle; mais réflexion faite, Carnot, le 22 novembre (2 frimaire) envoie à Hentz et Bô l'arrêté par lequel 5.000 hommes seulement sur 15.000 demandés passeront de l'armée des Ardennes à l'armée de la Moselle : « Nous nous reposons avec une entière confiance sur votre patriotisme (5) ».

Les vieux cadres de la division des Ardennes seront remplis par des citoyens de la première réquisition ; le Comité s'en réfère à ce sujet aux arrêtés de Hentz et Bô (6).

(1) Charavay. Lazare Carnot, t. IV, p. 81 et 119. — Aulard VIII, 316 et 383.

(2) Arch. de la Meuse.

(3) Orig. 2 p. 1/4 in-folio. Catalogue d'autographes de la collection Sensier vendue par Charavay en 1878, n° 274.

(4) Arch. de la Meuse.

(5) Charavay. Lazare Carnot, t. IV, p. 157. — C. Rousset. Les Volontaires, 1791-1794. Paris, 1874, p. 266.

(6) Sedan, 15e jour du 2e mois de l'An 2. Dissolution des bataillons des 1re et 2e réquisitions de la Meuse. Formation nouvelle d'un bataillon avec les hommes seuls de la 1re réquisition. (Arch. de la Meuse.)

Les deux représentants sont alors à Sedan ; le même jour ils écrivent (les lettres se sont donc croisées) que les 15.000 hommes sont en marche. Deux bataillons se sont mutinés à Sedan ; mais les officiers ont été arrêtés, et tout est rentré dans l'ordre.

On avait enivré un grand nombre de citoyens de la première réquisition, pour essayer d'empêcher les 10.000 de marcher. « La terreur a tout contenu... on ne saurait donner trop d'éloges à la garde nationale de Sedan... Le général Ferrand est un vrai et incorruptible républicain. Le Conseil exécutif entretient toujours des commissaires sur cette frontière ; nous ne pouvons nous empêcher de les regarder comme des espions ; nous en faisons mettre deux en arrestation... L'esprit public dans les Ardennes est à la hauteur désirable... Il n'y aura pas une autorité constituée qui n'ait passé par le scrutin épuratoire. Il en est de même dans les départements de la Marne et de la Meuse... Les officiers que s'est donné « la belle jeunesse de l'armée du Nord » sont presque tous des *muscadins*... il faut incorporer la première réquisition aux anciens corps... »

Le mouvement préparé pour 15.000 hommes ne fut pas exécuté ; le 24 novembre 1793, Hentz écrit de Sedan : « La lettre du Comité est arrivée hier au soir assez tôt pour arrêter le mouvement des 10.000 hommes, qui étaient à Stenay, prêts à partir. Il va se former ici une belle armée... nous aurons 50.000 hommes en état de bouleverser l'ennemi... Nous renvoyons ici tous les généraux de division que nous avons trouvés ; c'est un tas d'ignorants, d'intrigants et quelques-uns même sont soupçonnés d'intel-

ligence avec l'ennemi... c'est une tâche bien importante que celle d'étudier les hommes et de découvrir
ceux qui ont la vraie capacité. . Nous venons de faire
arrêter ici un émissaire de la Société populaire de
Tours qui essayait d'appliquer dans les Ardennes le
plan de corrompre l'esprit public par les Sociétés
populaires... les intentions du vertueux et pur
ministre de la guerre ne sont pas secondées... nos
soldats sont excellents, il ne leur manque que des
chefs. »

On voit que les représentants n'hésitaient plus à
prendre des mesures rigoureuses sous leur responsabilité. Si nous comparons leur attitude vis à vis
des commissaires du pouvoir exécutif, qu'ils font
arrêter, avec les appréciations timides de Trullard et
Berlier dans l'affaire Landrin, on mesure le chemin parcouru. Nous sommes en pleine terreur et c'est
la « terreur qui contient tout ». Les circonstances leur
paraissaient exiger d'ailleurs une énergie farouche.
A la lettre importante dont nous venons de citer
quelques passages, le Comité répond : «.... Le sanctuaire des Sociétés populaires a été rendu par vous à
sa pureté. Il est temps d'en balayer les contre-
révolutionnaires... Il est un autre refuge... les états-
majors, sentine aristocratique, récèlent trop souvent
l'ineptie et la malveillance... L'hydre contre-révolutionnaire est écrasée ; ses derniers tronçons palpitent
et cherchent à se réunir ; mais vous êtes là. »

En effet, le Comité de Salut public pouvait compter
sur Hentz. Il avait déjà assez épuré pour être capable
de « continuer ». Mais il y avait un péril grandis-
sant à côté de ce danger des états-majors « sentine

aristocratique », et c'était à l'extrémité opposée qu'il avait pris naissance.

Des armées révolutionnaires, où les chefs étaient élus par les soldats, s'étaient formées, en dehors des armées régulières. Les abus furent énormes, et les réactionnaires profitèrent bien vite de ce mode de recrutement pour avoir des armées qui dénommées « révolutionnaires » s'apprêtaient à faire en réalité la contre-révolution. Par un important décret du 4 décembre 1793, la Convention proclama dissoutes ces armées « irrégulières » ; les volontaires qui les composaient devaient être incorporés dans les corps réguliers.

Hentz était revenu à Paris vers cette époque. Il prit part, au Comité de Salut public, à d'importantes discussions sur les armées révolutionnaires. Un incident violent se produisit même, le 5 décembre, au Comité. Hentz fut pris à partie par un nommé Camuset, qui assistait à la séance, et proféra de telles injures que le Comité le fit immédiatement arrêter et conduire à la Force. Le 7 décembre il était remis en liberté, probablement à la demande de Hentz lui-même.

Le lendemain, 8 décembre (18 frimaire an II), Hentz est envoyé à Dunkerque « pour prendre dans le département du Nord toutes les mesures de salut public (1) ». Il est revêtu des pouvoirs des représentants du peuple près des armées. Florent Guiot l'accompagne dans cette mission ; ils sont rejoints à Dunkerque par Prieur.

(1) Prud'homme, t. VI, p. 543.

7

C'était une nouvelle et grande preuve de la confiance du Comité de Salut public. Hentz paraissait être partout le remède héroïque ; en effet, dans le Nord, il retrouve une situation aussi difficile que dans les Ardennes. Les représentants Châles, Isoré et Duquesnoy, envoyés quelque temps auparavant près de l'armée du Nord, et qui y étaient encore, n'y avaient guère réussi. Châles surtout est cordialement détesté. Prêtre défroqué, il est accusé de trahison de toutes parts. Blessé à Hondschoote dans les rangs de l'armée, il était revenu se faire soigner à Paris, mais il était reparti sans être bien guéri, et il est de nouveau immobilisé à Arras.

Toute la région du Nord est en désarroi. Le 12 décembre, Hentz mande d'Arras que des commissaires des Sociétés populaires vont dénoncer à la Convention Châles, Isoré et Duquesnoy ; mais il est d'avis qu'il faut renvoyer les dénonciateurs pour ne pas avilir la représentation nationale. « Entre nous, dit-il, ils ont de grands torts... il ne faut plus qu'ils retournent en mission... Envoyez ici mon collègue Sébastien de la Porte, qui est hors de sa place à Lyon... »

Il ajoute des remarques exactes sur les armées révolutionnaires, ramassis de gens sans aveu. La population du Nord, naturellement froide, irait volontiers à la Révolution, si on lui présentait le nouveau régime sous un meilleur aspect. Mais l'esprit public est en retard ; il y a encore beaucoup d'attachement pour les prêtres, etc.

Cependant les représentants incriminés n'étaient pas satisfaits de l'arrivée de Hentz, venu pour contrôler leurs actes, et défaire ce qu'ils avaient fait ; le 13 décembre, Isoré écrivait de Cassel au Comité de Salut public : « On vous trompe, mes collègues, sur l'esprit public du Nord ; vous m'avez dit de faire de cette partie de la République tout Montagne ; cela est fait, excepté Douai. J'attends Hentz ; il est, dit-il, chargé de découvrir un fameux complot à Dunkerque. Eh bien ! qu'il vienne ! Il y trouvera la Montagne la plus saine. Vous êtes inquiets mal à propos... on m'a méprisé, je veux me justifier... »

Le 14 décembre d'après une lettre de Laurent, écrite d'Arras, Hentz vient d'aller à Dunkerque avec Guiot. Laurent est malade et se propose de retourner à Paris. Hentz et Florent Guiot mandent de Lille que Dufresse, La Valette et l'état-major de l'armée révolutionnaire se sont présentés à la Société populaire de Lille. Dufresse, commandant de l'armée révolutionnaire du Nord, et La Valette, commandant à Lille, terrorisent le Nord. Ils imposent leurs volontés aux Sociétés populaires.

Mais, cette fois, Hentz était présent ; le peuple, encouragé par l'attitude des conventionnels, couvrit sous des huées la voix de Dufresse. Le lendemain, Hentz le faisait arrêter, ainsi que La Valette.

Il écrivait à ce sujet au Comité de Salut public : « Dites au ministre qu'il recommande bien à M. Vincent de ne plus mettre sur le tapis des comédiens, des faiseurs de petits paquets et des gens inconnus........ C'était par la terreur et le découragement qu'on voulait perdre le pays....... »

Hentz alla plus loin ; d'accord avec Guiot, il rendait le 13 décembre un arrêté sur la liberté des cultes ;

le 16 il prononça la dissolution de l'armée révolutionnaire. Ces deux mesures allaient de pair ; les ultra,
genre La Valette, terrorisaient la population « en
l'inquiétant sur ses opinions religieuses, alors qu'il
n'aurait fallu que le langage de la raison. » De plus,
Hentz sentait vaguement que cette exagération était
peut-être un calcul ; d'après lui, on cherchait à rendre
la Révolution odieuse, en allant bien au delà de ce que
la Convention avait prescrit. Il soupçonnait l'armée
révolutionnaire d'être en réalité dans la main de l'ennemi : et il croyait avoir la preuve d'un complot destiné à livrer la place de Lille. L'arrêté de Hentz et
Guiot, auquel Châles fut, peut-être à regret, obligé
d'apposer sa signature, est empreint d'un certain esprit
de tolérance : Art. 1er « tous prêtres et autres citoyens
qui sont détenus par le seul fait de l'exercice de leur
culte, seront mis en liberté, etc. »

Il faisait précéder les cinq articles de ce décret d'une
série de considérants où il flétrissait « les hommes
pervers qui prêchent l'intolérance.... alors que la chute
de la superstition doit être l'ouvrage du développe-
ment des lumières..... »

La Valette et Dufresse arrêtés, l'armée révolutionnaire dissoute, le complot manquait d'exécutants.

Hentz, avec son activité ordinaire, ne séjourna
pas à Lille ; dès le 16 décembre il écrit de Cassel :
« Isoré retourne à Paris ; c'est un brave homme, un
bon patriote, qui, trompé par Châles, a fait des sot-
tises ; il n'y a qu'à lui interdire l'exercice de ses pouvoirs. Mais Châles est un coquin. » En même temps,
Hentz se félicite des derniers arrêtés du Comité de
Salut public : « Robespierre a sauvé ce pays-ci ; ses

inquiétudes étaient fondées. » Il s'agit des recommandations pressantes de Robespierre au sujet de la liberté des cultes : Hentz insiste sur ce point ; il veut « montrer au peuple que ce sont de faux patriotes payés par Pitt et Cobourg, qui ont dirigé l'incartade contre les prêtres. »

Le 18 décembre, il est à Dunkerque, il convoque les contrôleurs ainsi que les chefs des armements et des classes de la marine, pour les entretenir d'affaires de service (1). Le 20, il écrit de cette ville, une lettre importante au Comité de Salut public ; il a, dit-il, écrit de Lille les 23, 24 et 25 frimaire (13, 14 et 15 décembre) et il a lu dans les papiers publics qu'à la Convention le Comité a dit le 27 frimaire (17 décembre) n'avoir reçu aucune nouvelle de la conspiration La Valette Dufresse.

Ainsi ses lettres étaient interceptées. Par qui ? Les détails sont curieux : « Nous écrivions dans la chambre de l'un de nous (Florent Guiot ou Hentz) et notre secrétaire remettait les lettres dans les bureaux de Châles pour être envoyées à la poste avec les siennes.... mais la véritable cause de l'arrestation de nos lettres, c'est que dans celles des 24 et 25 nous vous avons communiqué nos soupçons sur les principes et la conduite de Châles... ce coquin de prêtre aura fait intercepter nos lettres dans ses bureaux ».

Le post-scriptum n'est pas moins curieux : « Nous avons écrit dans un premier mouvement d'indignation contre Châles, mais nous devons vous observer que nous n'avons point de preuves.... »

(1) Archives nationales AA 48.

Si, de son côté, Châles écrivait de la même manière sur Hentz (et c'est probable, d'après la défense qu'il publia plus tard), le Comité du Salut public devait être bien renseigné !

Ces pénibles rivalités ne pouvaient laisser indifférent le Comité de Salut public ; le 23 décembre, il se décida à envoyer un de ses membres dans le Nord, pour éclaircir la situation.

Prieur, investi de pouvoirs illimités, partit le 24 ; arrivé à Arras le 26, il y trouva Laurent fort embarrassé : des généraux, des officiers, arrêtés par ordres de Hentz et de Guiot, étaient détenus dans cette ville ; Laurent ne savait quel parti prendre ; fallait-il les faire juger sur place ou les envoyer à Paris ?

Prieur en réfère au Comité ; il pense, cependant, que les Commissions militaires locales ont des pouvoirs suffisants. D'ailleurs il va, dit-il, continuer sans repos son voyage jusqu'à Dunkerque, où il rejoindra Hentz et Guiot. Là, on s'expliquera sans doute.

Le Comité devait priser peu ces mesures de bouleversement familières à Hentz ; précisément à cette époque, il n'avait pas encore approuvé les nominations faites par Hentz et Bô dans l'état-major de l'armée des Ardennes, et Bô s'en plaignait amèrement dans une lettre au Comité du 29 décembre. D'un autre côté, les bureaux de la guerre affectaient de ne pas tenir compte de ces changements, et ils continuaient à correspondre avec les généraux destitués par ces représentants, sans vouloir reconnaître les remplaçants nommés par eux. Mazeyran, nommé commissaire des guerres à l'armée des Ardennes, par Hentz, avait été purement et simplement destitué par le Ministre de la guerre.

Il y a mieux. L'étoile de Hentz semble pâlir : le Comité nomme cinquante huit représentants, pour « faire le gouvernement révolutionnaire et exécuter les mesures de salut public », et Hentz n'en est pas ! C'est Le Bon qui est chargé de cette importante mission dans le Nord et le Pas-de-Calais. En même temps, son collègue Laurent se plaint continuellement de lui. Déjà nous avons vu ses doléances au sujet des arrestations de généraux ; le 31 décembre, Laurent est aux prises avec la Commission des subsistances d'Arras, et Hentz le laisse se débrouiller ; il est parti, dit Laurent « respirer l'air des côtes, avec Florent Guiot. »

Quant à Châles, il est resté seul à Lille, et le 1ᵉʳ janvier 1794, il écrit au Comité de Salut public que Hentz et Guiot se sont séparés de lui « avec un scandale qu'il leur pardonnerait s'il n'intéressait que lui seul. » Il demande de nouveaux collègues (Hentz et Guiot demandaient de leur côté le départ de Châles !) ; parce que l'aristocratie est maîtresse à Lille. Mais le 3 janvier 1794, Prieur est arrivé à Dunkerque ; ce n'est pas pour son plaisir qu'il va, lui aussi, « respirer l'air des côtes », il a reconnu l'utilité de visiter toute la frontière du Nord ; Hentz l'a accompagné au quartier général : comme il retourne à Paris, il donnera au Comité toutes explications. Hentz et Prieur ont pris ensemble quelques mesures de sûreté générale à Saint-Quentin : il était indispensable de renouveler les autorités administratives de cette ville.

Ils ont pris des arrêtés relatifs à l'armée : le moins

de troupes possible sous la toile, dit Prieur. Ce n'était guère le moment, en effet. D'ailleurs on pouvait facilement organiser des cantonnements.

L'arrivée de Prieur ne fit pas taire les rivalités ; à peine Hentz et Guiot eurent-ils quitté Lille, que Châles fît arrêter le citoyen Waquernier, président du nouveau comité de surveillance, « un excellent patriote, etc. . », d'après ce qu'écrivait Duquesnoy au Comité, en ajoutant : « Châles tient à Lille une espèce de petite cour... Retire lui ses pouvoirs. »

Après leur président, tous les membres de ce Comité, formé par Hentz et Guiot, étaient menacés d'arrestation. Il faut remarquer que Prieur, à son passage à Lille, avait fort désapprouvé Châles, et lui avait fait donner sa parole « de ne plus faire acte de représentant. » Mais Prieur lui-même devait être bien embarrassé, malgré ses pouvoirs illimités.

Le 8 janvier, Roux, envoyé en mission dans l'Aisne et les Ardennes, écrit au Comité pour se plaindre que Hentz et Prieur se soient permis de renouveler le district et la municipalité de Saint-Quentin : ils ont contrarié ses propres opérations, et cela dans un département où ils n'ont pas de mission.

Le 9 janvier, le Comité répond pour dire que Hentz et Prieur avaient le droit de le faire ; car ils avaient des pouvoirs illimités partout où se trouverait l'armée du Nord. D'ailleurs « ils n'ont eu en vue, comme toi, que le bien public ».

Quelques jours après, Bar représentant à l'armée du Nord, donnait des nouvelles de l'incorporation. des citoyens de la première réquisition, qui s'était faite assez facilement après les mesures prises par Prieur et Hentz.

Hentz revenu à Paris, avait enfin réussi à obtenir le rappel de Châles ; un décret de la Convention avait été rendu à ce sujet le 16 janvier. Mais Châles, souffrant encore des suites de sa blessure, ne pouvait se déplacer. Il avait envoyé au Comité de Salut public une longue lettre où il répondait aux attaques dont il était l'objet par d'autres attaques, et, sans nommer Hentz, c'était toute son œuvre dans le Nord qu'il trouvait mauvaise. La Convention ne s'arrêta pas aux dénonciations de Châles, mais Hentz avait pris des mesures en opposition avec un décret du 19-20 décembre précédent, relatif aux citoyens arrêtés par ses ordres à Lille. La Convention avait décidé de les faire transférer à Paris, et le 1er février, les prisonniers n'étaient pas encore en route. Le Comité de Salut public demanda à ce sujet des explications ; il voulut aussi savoir pourquoi les tribunaux militaires établis à Sedan, le 3 frimaire, par Hentz, fonctionnaient sans jury. L'arrêté pris par Hentz disait en effet, article 1er : « Les tribunaux militaires établis près l'armée des Ardennes jugeront et appliqueront seuls les peines sans l'assistance des jurés. »

Il y avait donc d'autres dénonciations contre Hentz ; il y avait même quelque mauvaise volonté dans les bureaux de la guerre, comme on peut le voir par la lettre que Florent Guiot écrivait de Lille, le 3 février, au Comité de Salut public : « Nous n'avez eu pour moi que défiance .... envoyez-moi des successeurs... Vous avez nommé le général Michel, commandant à Lille, sur proposition du ministre de la guerre... On vous a dissimulé que mon collègue Hentz et moi, sur la démission mise entre nos mains par le général

Favart...., nous avions nommé au commandement de
Lille, le 6 nivôse, le général de brigade Thierry....
Je crois Bouchotte honnête homme, mais il est trompé
par ses bureaux... le 12 nivôse, la loi de l'incorporation n'avait pas encore été envoyée aux généraux de
division, et cette opération de la plus haute urgence
n'a été commencée que sur les réquisitions de Hentz
et de moi.... Faites cesser cette lutte entre les représentants et les bureaux des ministres.... Hentz et moi
avons nommé, le 2 nivôse, pendant notre séjour à
Dunelibre, le citoyen Dumey, commissaire de la
marine..... les bureaux de la marine l'ont envoyé à
Lorient sans lui désigner de fonction....

P. S. — Châles est un prêtre, un mauvais sujet,
mais on l'accuse à tort de donner des fêtes.... »

Hentz éprouvait donc de nombreux désagréments,
mais la plus rude désillusion qu'il dut ressentir, lui
fut causée par les intrigues des sociétés populaires
nouvellement formées. Il avait longtemps considéré
ces sociétés comme le plus ferme appui de ses idées.
Pendant sa mission dans les Ardennes, il avait même
choisi, parmi les membres des sociétés populaires, un
certain nombre de citoyens pour aller prendre dans
les communes des campagnes des renseignements sur
l'esprit public des trois départements. Mais il avait,
depuis peu, bien changé d'avis ! Au Club des Jacobins, dont il suivait les séances, une discussion se
poursuivait au sujet de l'affiliation demandée par des
sociétés populaires et des clubs de province. Le 27 janvier (8 pluviose), Couthon proposa de refuser l'affiliation à toutes les sociétés formées après le 31 mai.
Hentz soutint cette proposition. Pour lui, ces sociétés

étaient autant de foyers de contre-révolution ; il est certain que la plupart des dénonciations dont la Convention était accablée, partaient de là (1). L'affiliation au Club des Jacobins fut repoussée.

Ainsi de ce côté, Hentz l'emportait sur ses dénonciateurs ; au Comité de Salut public, il dut fournir des explications suffisantes sur l'affaire des tribunaux militaires de Sedan, puisque ce fut sur le rapport favorable du Comité que la Convention l'envoya de nouveau en mission, le 23 pluviose (12 février 1794) avec Garreau, à l'armée de l'Ouest.

La tâche était ardue ; non seulement la Convention, qui voulait en finir avec la guerre de Vendée, paraissait disposée à exiger de ses envoyés une activité exceptionnelle ; mais encore les représentants envoyés jusqu'à ce moment ne paraissent pas avoir compris leur tâche. Hentz partait au moment le plus critique.

---

(1) Nous possédons une pétition à la Convention nationale des députés des sans-culottes de la commune d'Ivoy, près Sedan, qui se plaignent des actes arbitraires commis par « une commission de 5 membres, en vertu de ses pouvoirs donnés par les citoyens Hentz et Bô. » Cette commission, dont les frais étaient « énormes », avait destitué le comité révolutionnaire d'Ivoy, arrêté le maire, etc.... Plaquette, imp. à Paris. Société typographique, rue et passage des Cholets, près celle Saint-Jacques, 4 pp., in-4°.

CHAPITRE VI

Hentz, pendant ses missions précédentes, avait montré de réelles qualités ; depuis son retour, il avait, aux Jacobins, cultivé d'utiles relations. On le supposa capable d'agir énergiquement en Vendée, où la guerre civile s'éternisait.

Le 10 février 1794, le Comité de Salut public arrête « que les représentants Hentz et Garrau se rendront sur le champ près de Turreau, général en chef de l'armée de l'Ouest, pour concerter avec lui les moyens d'exterminer les derniers rassemblements de brigands qui viennent de se former ».

On leur donne en même temps des pouvoirs extraordinaires, même le pas sur leur collègue Dubois-Crancé, envoyé cependant depuis quelque temps, en Vendée : « Si quelques mesures prises par le représentant du peuple chargé de l'embrigadement sont contraires à leurs dispositions, Hentz et Garrau lui signifieront cet arrêté ; ils tiendront la main à l'exécution des derniers arrêtés du Comité de Salut public... » Plus loin, l'arrêté est encore plus explicite : « ils auront des pouvoirs illimités ».

Pour cette mission, on leur accorde tout d'abord 5.000 livres.

La Convention approuve le 12 février cet arrêté du Comité (1). La situation était grave, en effet ; un décret de la Convention du 11 février 1794, nous apprend que l'énorme quantité de cadavres repandait une telle infection, parce qu'on ne les avait recouverts que de très peu de terre, qu'il était impossible de circuler à travers ces champs de pourriture ; il en était ainsi dans la Mayenne et la Loire, la Sarthe et la Loire-Inférieure.

La Convention décrète que les troupes républicaines réquisitionneront de la chaux vive pour les recouvrir !

Hentz et Garrau, partis immédiatement, arrivèrent à Angers le 14 février et se rendirent compte aussitôt que les rapports pessimistes avaient exagéré la situation, déjà terrible. On avait dit que plusieurs armées vendéennes tenaient encore la campagne, que tout se soulevait de nouveau. En réalité, la Vendée était un désert. La Rochejacquelein, qu'on disait vivant, était bien mort.

Le surlendemain, Hentz et Garrau, rejoints par Francastel, partent pour Nantes. Ils vont, de concert avec Turreau, général en chef « prendre des mesures rigoureuses ». Ils viennent d'apprendre qu'on a repris Cholet, cette petite victoire leur semble de bon augure.

D'ailleurs, Hentz a déjà mis sa marque sur ces « mesures ». Il a quelques notions de tactique, acquises depuis un an qu'il est en contact avec les généraux. La Loire a servi de rempart aux Vendéens; mais elle leur a aussi beaucoup nui ; car la dernière

(1) Moniteur du 16 germinal an II (5 avril 1794).

fois qu'ils ont passé cette rivière, elle a « contribué à leur destruction ».

Ces mots sont dans la lettre séparée que Hentz adresse le même jour (16 février) au Comité pour annoncer qu'il a réglementé la navigation de la Loire « ce qui empêchera les brigands de la repasser ».

Le Comité de Salut public voulait à tout prix mettre un terme à cette guerre atroce ; nous trouvons dans les lettres qu'il adresse aux représentants, dans les instructions aux généraux (1), le même caractère de sévérité. A Hentz et Francastel il écrit le 18 février, pour leur recommander la rigueur en toutes choses, mais surtout sur la délivrance des passeports, que les autorités locales accordent trop facilement, ce qui permet « aux brigands » de rentrer en Vendée individuellement.

Nous avons le droit de supposer que les recommandations au sujet de ces derniers étaient quelque peu dictées par Hentz lui-même, qui en avait reconnu l'importance dans le Nord et qui craignait peut-être la mollesse de ses collègues. Ses lettres, où il parle de haut au Comité de Salut public, semblent être plutôt des ordres.

A peine arrivés à Nantes, le 19 février, Hentz et Garrau ont eu une entrevue avec Turreau, général en chef de l'armée de l'Ouest. Il faut en finir ; les soldats sont terrorisés par les tortures infligées aux prisonniers : « les filles, les garçons au-dessous de douze ans sont les plus cruels. Ils exercent des violences inouïes contre nos volontaires.... ». De plus « les rebelles ont

(1) Aux généraux, il ordonne : Frappez, exterminez, la nation en a assez de cette guerre !

des repaires assurés dans les forêts... » Il va falloir les « *poursuivre dans ces repaires* ». Hentz, qui ne peut « courir à cheval », à cause de la faiblesse de sa santé, restera à Nantes avec Francastel, qui va mieux... ; ...ils iront en d'autres points où l'on peut aller en voiture. Ils se proposent de ne pas quitter, que tout ne soit terminé et organisé, mais ils demandent un collègue d'une santé robuste pour suivre les camps. Les rebelles se recrutent incessamment dans les départements voisins : « La Vendée ne se compose pas seulement du département de ce nom ; il y a péri plus de 150.000 personnes, qui ne sont pas à coup sûr de la Vendée ».

La Convention avait songé, à ce moment, à organiser en Vendée un gouvernement provisoire. C'était une sorte de moyen terme, une demi-satisfaction accordée aux révoltés. On voulait se débarasser de cette guerre intérieure, pour se sentir plus libre aux frontières. Mais Hentz, dont l'opinion avait un grand poids, repoussait toute idée de concession. Il écrivait de Nantes au Comité de Salut public, le 26 février, qu'on ne devait rien espérer des Vendéens. « La race est mauvaise, disait-il, il faut les voir de près comme moi pour s'en convaincre, exterminer les brigands, dépeupler le pays en dispersant les habitants paisibles ou paraissant tels, surtout les femmes, elles servent de messagères et d'espions ». Pourtant il ne craint pas l'extension de la guerre : « Le Morbihan devait se soulever ; mais l'activité des généraux de brigade Avril et Cambray qui sont à Savenay, l'a empêché ». Néanmoins il revient, à plusieurs reprises sur son thème : « Il n'y a rien de bon dans la Vendée », répète-t-il à satiété. Et il finit par prôner la transplantation : « Il faut y transporter une peuplade de républicains, qui cultiveront ce pays, le plus fertile de la République (1) ».

L'armée républicaine souffrait cruellement dans ce pays dévasté. Usant de leurs pouvoirs « illimités », Hentz et Francastel, ne pouvant matériellement rien réquisitionner en Vendée, détournèrent sur l'armée de l'Ouest les réquisitions du district de Loudun (26 février).

Puis tous les représentants, Hentz, Francastel, Garrau, Prieur de la Marne tiennent des conseils de guerre avec Turreau, le général en chef. A Nantes où ils sont réunis le 1er mars (11 ventose an II), ils adoptent les mesures proposées précédemment par Hentz, en faisant un rapport au Comité de Salut public sur les opérations militaires dans le Bocage (2).

On vient d'abandonner la poursuite de Charette, qui demeure insaisissable, à la tête d'une armée d'environ 5.000 hommes qui combattent avec un farouche désespoir : « Les femmes et enfants aident les brigands ; il faudra exécuter le décret du 1er août, qui veut que les repaires des brigands soient détruits, et femmes et enfants, vieillards et subsistances portés sur les derrières de l'armée ».

____

(1) 2 ventôse An II. Arrêté pris pour faire éloigner du théâtre de la guerre de la Vendée tous les individus qui s'y sont réfugiés, en leur ordonnant de se rendre à 20 lieues dans l'intérieur. Affiche double in-folio, imprimée à Nantes, chez Malassis, imprimeur des Représentants du peuple, Place du Pilori, 2, et transmise le 16 ventose au Comité de Salut Public par Garrau, Hentz et Francastel. (Arch. nat. D III. 348. Dossier Francastel.)

(2) Arch. nat. AA 50, 1426.

Il est visible que ces mesures sont prises sous l'ins-
piration de Hentz. Quant à l'autorité qu'il avait alors,
la lettre suivante, que le Comité de Salut public lui
écrivit le 4 mars, peut en donner une idée : « Le
Comité de législation, citoyen collègue, a cru devoir
te consulter sur un projet de loi qu'il doit soumettre
à la Convention nationale relativement aux biens des
brigands de la Vendée, parce qu'étant sur les lieux,
il a pensé que tu pouvais plus que personne en apprécier les dispositions. — Le Comité t'invite à accélérer
ton travail sur cet objet important..... »

Le même jour, Hentz répond, de Nantes, au Comité
de législation qu'il est impossible de s'occuper de cette
loi en ce moment : la guerre ne finira que quand il
n'y aura plus un habitant en Vendée... « Je vous dirai
sur cette guerre des choses qui vous surprendront ».
Et il termine en s'excusant de n'en pas dire plus long ;
car, dit-il, « je suis bien pressé ».

Il est impossible de traiter avec plus de désinvol-
ture ces maîtres redoutables !

La guerre a pris un caractère atroce ; les soldats
n'osent plus marcher s'ils ne se sentent pas, et de beaucoup, les plus nombreux. Ils savent que s'ils tombent
aux mains des Chouans, ils subiront d'affreuses tortures. Les Vendéens ont adopté la guerre de partisans ;
ils surprennent les postes isolés, puis se réfugient dans
les forêts. Incessamment tenus en alerte, les républicains sont bien près de se décourager.

Le 5 mars, Hentz et Francastel se sont rendus à
Mortagne pour suivre les opérations au centre de la
Vendée ; Garreau surveillera les bords de la Loire.
La nouvelle campagne s'annonce mauvaise ; les bleus

ont été battus à Cholet, qu'ils ont dû évacuer de nouveau.

D'un autre côté, les mesures extrêmes prises par les représentants, surtout par Hentz, ont fait de tout le pays un véritable désert ; les sous-ordres font du zèle, ils exagèrent encore la sévérité, à ce point, que les députés des départements envahis se plaignent à la Convention des procédés barbares dont leurs électeurs eux-mêmes sont victimes. Les abus sont tels, que, dès le 6 mars, le Comité de Salut public écrit à Hentz : « Nous avons reçu des observations sur la manière dont sont exécutés les arrêtés des représentants ; par ce fait même qu'une mesure est extrême, il ne faut pas aller au delà ; veillez à ce que vos agents ne fassent pas, par zèle inconsidéré, détester la République... »

Chose curieuse, cette lettre se croisait avec une autre, où Hentz se justifiait de ces défiances. Il avait sans doute sa police particulière : il devait savoir qu'à la Convention des plaintes avaient été portées contre ses procédés ultra-révolutionnaires. Son style est étrange ; l'exagération est telle qu'on se demande si elle n'est pas voulue. C'est toujours le même artifice politique : plus pur que les purs ! Ainsi, d'après Hentz, ses mesures de déportation ont si bien réussi, que plus de dix mille personnes ont déjà évacué la Vendée. Mais rien n'a été brûlé, ni pillé ; quelques soldats auraient voulu s'emparer d'objets abandonnés par les habitants ; on leur a fait vider leurs sacs. Comme pendant à ces mesures d'honnêteté, Hentz ajoute ces lignes extraordinaires : « Nous comptons détruire les brigands ; quand cela sera fini, il n'y aura plus de monde dans la Vendée, mais soyez sûrs qu'il y a vingt

mille hommes à égorger dans ce malheureux pays ;
alors, nous trouverons ici force bestiaux et force blés ..
N'écoutez pas les pleurards de la Rochelle, Fontenay
le Peuple et pays adjacents ; ce sont des aristocrates
masqués ... »

Les pleurards, c'étaient les administrateurs de district qui avaient porté leurs plaintes à la Convention ;
avec le système employé, ils se disaient que bientôt
ils n'auraient plus personne à administrer.

Le 9 mars, Hentz et Francastel sont à Saumur.
Ils revenaient d'une grande tournée d'inspection, de
Nantes à Saumur, en passant par Mortagne, Tiffanges,
Cholet, Coron, Vihiers et Doué. A Cholet et aux
environs, ils avaient fait évacuer plus de six mille
femmes et enfants. Comme premier résultat, ils constatent que les Vendéens ignorent maintenant les
mouvements de l'armée républicaine. « C'est la plus
méprisable canaille ; elle va comme un troupeau de
cochons » dit Hentz en parlant de ses adversaires.
S'il n'y a pas eu de grands combats, c'est qu' « ils se
sauvent, mais nous les tuons en détail en faisant périr
tout ce qui se trouve dans le pays... ils périront de
misère : plus de fours, plus de moulins. »

Le pays est si dévasté que les représentants eux-
mêmes n'y trouvent plus à se loger : «... On ne peut
pas vous écrire quand on parcourt ce pays où l'on
couche sur la dure... » C'est ce qui explique la rareté
relative des lettres de Hentz, comme aussi leur lon-
gueur. Il ne peut envoyer de rapport au Comité de
Salut public que quand il se trouve dans une ville
importante comme Saumur ou Nantes.

Entre autres mesures de coercition, on avait prescrit le désarmement de tous les habitants ; les fusils

qu'on confisquait ainsi servaient à armer les soldats.

Hentz, qui paraît décidé aux moyens les plus radicaux, reste conséquent avec lui-même. Naguère, il prisait peu les *hommes de loi* ; il en est arrivé à trouver inutiles les lois elles-mêmes : « Quand la guerre de Vendée sera finie, dit-il textuellement dans sa lettre du 9 mars (1), il n'y restera plus d'habitants, puisqu'on aura tout détruit. Ainsi il est inutile de faire aucune loi sur son gouvernement... »

Mais la Convention ne l'entendait pas ainsi. Ce n'étaient pas seulement des critiques particulières, des plaintes des « pleurards de la Rochelle », mais des récriminations générales qui lui parvenaient de toutes parts sur le rôle des conventionnels aux armées. A la Convention, un certain nombre de membres revenaient souvent sur cette question, et cela explique les multiples règlements faits pour déterminer les pouvoirs des représentants en mission, les recommandations parfois sévères du Comité de Salut public. On alléguait que ces représentants étaient plus gênants qu'utiles, qu'ils contrariaient les opérations militaires, nuisaient à la discipline. Hentz trouvait au contraire que ces missions étaient nécessaires : « Cela encourage le soldat de nous voir couchés près de lui, partageant ses privations. Il faut des représentants près des armées : les soldats sentent ainsi la nation entière à leurs côtés. Laissez dire les bavards, répondez leur seulement qu'il est facile de bavarder. (2) »

(1) Arch. nat. AA 42, n° 1321 (19 ventôse, an II).
(2) Lettre particulière au Comité de Salut public, 9 mars.

Le 10 mars, Hentz, pour répondre à ces critiques, résolut de frapper un grand coup. Le général en chef Turreau avait aux yeux de tous le grand défaut de ne pas réussir. Hentz appréciait ses qualités d'énergie, son républicanisme ; mais le Comité de Salut public était surpris de n'apprendre que des revers : à plusieurs reprises il avait demandé aux représentants leur avis sur les généraux, Hentz avait toujours pris la défense de Turreau. Mais, cette fois, il lui semble que Turreau a besoin d'un « stimulant » et il lui écrit une lettre « très sévère », où il l'enferme, comme il le dit, « dans un dilemme dont il ne sortira pas » : ou, dans la huitaine, disperser les rassemblements vendéens, ou être arrêté et conduit sous bonne escorte à Paris (1).

Heureusement pour lui, Turreau venait à l'instant même d'apprendre que les troupes républicaines avaient battu Stofflet à Verzins. Il accourut « tout essoufflé » apporter cette bonne nouvelle aux représentants. Enfin ! on allait pouvoir annoncer un succès !

Le 12 mars, Hentz est retourné à Angers (2). Là, il apprend que le général Cordellier a battu l'ennemi et lui a tué six cents hommes, *sans en perdre un seul*. Contraste singulier de chiffres ! On a trouvé nombre de femmes habillées en hommes parmi les Vendéens (3).

(1) Anjou historique, septembre 1901, p. 188. — Uzureau (F.), directeur de l'Anjou historique. Histoire du Champ-des-Martyrs. Au Champ-des-Martyrs (Avrillé). par Angers, 1906, p. 19 à 23.

(2) Archives nat. D III 348. Dossier Francastel.

(3) Orig. 3 pages, pl. in-folio, vign. et tête imprimées. Catalogue d'autographes de la collection Sensier, vendue par Charavay en 1878, n° 275.

Hentz en conclut que les rebelles usent de ce moyen désespéré « pour faire nombre ». Peut-être des femmes avec enfants, sans abri, se réfugièrent-elles près des combattants, et échangèrent leurs haillons contre des vêtements d'hommes, puisqu'il n'y en a plus d'autres !

Le 18 mars, Hentz est à Nantes ; il se félicite des mesures déjà prises : il écrit au Comité : « La chasse donnée aux généraux, surtout au général en chef, produit son effet... » Mais en même temps il se rend bien compte que des dénonciations vont encore se produire : « Tenez-vous bien en garde contre les rapports et les demandes par les Sociétés populaires de Sables, Fontenay-le-Peuple, Niort, Luçon, La Rochelle, etc. » Décidément, les Sociétés populaires n'étaient pas en faveur près de lui : « Des mesures vigoureuses viennent de désarmer le Morbihan », ajoute-t-il (1).

Ces mesures n'allaient pas sans quelques inconvénients. L'arrêté de Hentz du 2 ventôse, approuvé et presque dicté par Carnot (d'après une lettre de Garrau, c'est Carnot qui aurait provoqué l'évacuation de Cholet) avait déplacé une foule énorme. Ces malheureux, obligés de s'éloigner à 20 lieues au moins du théâtre de la guerre, accouraient à Paris. Le 19 mars (2) le Comité de Salut public jugea la situation inquiétante ; il décida que « pour éviter l'affluence des réfugiés venus de Vendée à Paris, d'après l'arrêté de Hentz du 2 ventôse, ils ne pourront approcher à moins de 20 lieues de Paris. »

(1) Ceci est relatif aux évacuations et aux transportations.
(2) Nantes, 29 ventôse an II.

Cet arrêté fut vivement reproché à Hentz, qui pourtant ne devait pas, nous venons de le voir, en porter seul la responsabilité : le 20 mars, ému de la détresse qu'il voyait autour de lui, il essayait d'en atténuer la rigueur (1) : Les représentants du peuple dans les départements de l'Ouest décident : « Le commandant de la station sur la Loire donnera les ordres nécessaires pour faire transporter de la rive gauche à la rive droite de la Loire, toutes les femmes, enfants et vieillards, et les hommes non armés qui se présenteront à cet effet... Tous seront aussitôt conduits à la municipalité d'Ancenis ou d'Ingrande, qui donnera à chacun un passeport... La subsistance leur sera délivrée en nature comme aux soldats de la République... Les dispositions ci-dessus auront également leur exécution à l'égard de tout habitant de la Vendée qui en sortirait de toute autre manière ».

Ces mesures d'humanité ne furent pas connues aussitôt du Comité de Salut public ; ce furent au contraire des dénonciations qui lui arrivèrent, et, le 27 mars, le Comité renvoyait à Hentz les réclamations de quatorze communes des districts d'Angers, de Saumur et de Juigné-sur-Loire contre l'arrêté du 2 ventôse. Le Comité recommandait à Hentz de veiller aux subsistances, quand il ordonnait une émigration.

Pendant ce temps, Hentz continuait à « talonner » les généraux. Le 26 il est à Angers, où il constate que

(1) Arrêté de Hentz, Prieur de la Marne, Garrau, qui nomment une commission pour faire emploi des subsistances des communes révoltées de la Loire-Inf. 30 ventôse an II. Coll. de M. de La Grimaudière.

tout va bien ; on a essayé de débaucher les soldats de la première réquisition sans y parvenir. Le lendemain, il établit, avec Francastel, les autorités constituées d'Angers ; il remplace le Comité révolutionnaire, il destitue le général Lusignan « comme lâche et ivrogne ». Mais il se sent bien fatigué ; il demande au Comité de lui envoyer un successeur. « Si Carrier voulait venir, ajoute-t-il, voilà l'homme qu'il faudrait ici. »

Nous suivons pas à pas l'évolution des idées de Hentz ; six mois auparavant, il s'opposait aux mesures ultra-révolutionnaires de Carrier ; il le recommande maintenant comme l'homme de la situation. Il semble incliner de plus en plus vers les procédés rigoureux ; lui, l'homme de loi, tourne maintenant à la dictature militaire.

Pourtant, un mouvement de réaction se dessinait déjà à la Convention. On avait proclamé la liberté des cultes ; les Dantonistes, arrêtés le 30 mars, laissaient la place à la tyrannie froide et mesurée de Robespierre. En même temps, des mises en liberté constituaient des désaveux, comme pour Target, chef d'escadron, arrêté à Lille sur les ordres de Florent Guiot et de Hentz, et remis en liberté, quoique, d'après une lettre de Guiot, ce fût « une terreur » dont Hentz avait délivré la ville.

Les représentants en mission commençaient à se montrer prudents : Garrau refusait à Hentz la destitution du général Turreau. Hentz avait, lui aussi, à se plaindre de la négligence de son collègue. Tandis que le Comité ne cessait de recommander aux députés en mission de « tout voir par eux-mêmes », Garrau restait à Nantes, dans un confort relatif, et laissait Hentz courir seul les grandes routes à travers un pays dévasté.

Le 30 mars, dans une lettre datée de Baugé, Hentz demande à être remplacé. Il est exténué, et en butte à toutes les haines. Les réclamations arrivent incessantes à la Convention, au sujet des malheureux réfugiés de la Vendée ; le Comité de Salut public multiplie ses recommandations. « Prenez des mesures pour assurer les subsistances », écrivait-il de nouveau à Hentz, le 31 mars ; puis le 4 avril : « N'établissez pas votre commission à Nantes ; vous seriez débordés par le fanatisme ; partagez-vous la besogne, visitez constamment le théâtre des opérations... »

Le fanatisme, les réfugiés ! Deux difficultés presque insurmontables, deux aspects du terrible problème. Hentz prit le 5 avril un arrêté pour assurer la sécurité des grandes routes (1) qui était nécessaire. Les évacuations continuaient ; les habitants de Mortagne étaient transportés à leur tour.

Après la chute des Dantonistes, des changements importants avaient eu lieu ; les ministères avaient été supprimés. Hentz ne pouvait donc plus se plaindre du mauvais vouloir des bureaux. Mais les réclamations ne cessaient pas. Le 6 avril, le Comité lui écrivait : « Il y a de grandes réclamations contre vos mesures de sévérité — Voyez vous-mêmes les lieux — On nous dit qu'aucun représentant n'est allé dans

____

(1) Lettre de Hentz et Francaslel au Comité du Salut public. Nantes, 16 germinal an II. (Arch. nat. D. III. 348 Dossier Francastel).

la Vendée proprement dite, que tous sont restés près de Nantes... Nous faisons appel à votre civisme courageux et éclairé (1) ».

Hentz était à ce moment à Nantes ; le reproche de ne pas se déplacer ne pouvant, nous le savons, l'atteindre, il laissa à Garreau et Prieur le soin de répondre : «... Nous avons pris d'avance le parti de ne pas établir notre commission à Nantes. Francastel et Hentz doivent parcourir les départements environnant la Vendée du côté de Niort, Luçon, etc. Nous avons envoyé à Francastel et Hentz les lettres de Fayau et de nos autres collègues, relatives aux réfugiés ; cette mesure a pu paraître rigoureuse, mais elle était nécessaire, et chaque jour l'expérience nous le prouve... (2) »

Hentz était préoccupé d'autre chose : le 9 avril, il écrivait d'Angers au Comité pour critiquer les opérations de Roux dans les Ardennes, où tout allait si bien quand Hentz y était avec Bô. Il conseille de rappeler Roux, et de laisser faire Massieu. Le même jour, il se dispose à visiter encore une fois toute la Vendée en compagnie de Francastel : « Nous allons parcourir la Vendée par Doué, Thouars, Fontenay, Luçon, les Sables, etc. Le plus mauvais esprit règne dans ces villes. »

Les Vendéens n'osent plus affronter la bataille rangée ; mais leur guérilla est particulièrement dangereuse pour les troupes républicaines ; les convois, s'ils ne sont pas accompagnés de forces imposantes,

(1) Comte Fleury. Carrier à Nantes. Paris 1897 p. 140.
(2) Lettre du 8 avril.

sont pillés. Ce qui affame à la fois les soldats et les réfugiés, et justifie les plaintes.

Hentz est presque découragé ; déjà il est moins catégorique dans ses affirmations. En arrivant en Vendée, il parlait « d'exterminer rapidement tous les brigands » ; maintenant, il constate qu' « on ne les tuera qu'insensiblement ». Il est aussi moins tranchant vis-à-vis des généraux ; il aurait bien destitué Turreau, ou, tout au moins, l'aurait envoyé ailleurs ; mais cela aurait fait, dit-il, la joie des contre-révolutionnaires, des « Westermanistes » qui ne cessaient de dénoncer ce général « avec acharnement ».

Cependant, les représentants félicitent le Comité d'avoir triomphé des Dantonistes. Hentz, dès le 6 avril, avait pris les devants dans une lettre relative à ce sujet. Il était sincère ; sa fortune politique datait réellement de la séance mémorable où les Dantonistes avaient essuyé à la Convention un grave échec, précisément à propos de Hentz (affaire Houchard) ; c'était sérieusement qu'il demandait son rappel le 9 avril en même temps que Francastel : « Votre énergie vient de triompher en livrant Delacroix, Danton et Cie à la justice... Toute la Vendée était vendue à ces gens-là... Après la course que nous allons faire et l'épuration des autorités d'Indre-et-Loire, nous retournerons vers vous ; nous avons grand besoin de repos... ».

Ce n'était pas dans les intentions du Comité, qui, au même moment (10 avril), paraît vouloir conserver encore Hentz en mission et lui témoigne une grande confiance : « Nous t'envoyons une dénonciation déposée au Comité par Lequinio. Prends les renseignements nécessaires sur cet adjudant général, et ne laisse aucun traître, aucun conspirateur dans les fonctions de cette armée, qui n'a pu encore terminer cette exécrable guerre de Vendée... »

Cette lettre se croisait avec un rapport (1) de Hentz et Francastel au Comité : « La Vendée n'est plus dans la Vendée ; elle n'est plus que dans les Sociétés populaires des parties qui l'environnent... Nous avons parcouru la Vendée pour la troisième fois, au milieu des dangers, au milieu des brigands qui sont disséminés çà et là ; nous allons aux colonnes réparer le mal que font les Sociétés, qui désorganisent tout en excitant à l'indiscipline .. Le général manque d'activité..., mais Garrau et Prieur ont une autre opinion... Nous ne sommes pas disposés à renouveler les scandales de l'éclat dans la diversité des opinions des représentants... Prenez-y garde : tous les modérés vous obsèdent... »

Hentz n'attribuait pas seulement aux modérés une influence politique désastreuse aussi bien à Paris qu'en Vendée ; il les rendait responsable des échecs subis par les armées républicaines. Il avait constaté, à Doué (2), que jusque dans les bataillons des bleus, des malveillants s'étaient glissés, qui, se plaignant toujours et à propos de tout, prenaient la fuite au premier coup de feu, en entraînant les autres.

(1) Archives nat. AA 42, n° 1321. Lettre du 21 germinal an 2 de Doué-la-Fontaine, adressée par Hentz et Francastel au Comité de Salut public, faisant rapport sur les Sociétés populaires d'une partie de la Vendée, notamment sur celle de Niort, et sur les troubles en Vendée.

(2) Il est à Doué les 21 et 22 germinal (Arch. nat. D. III, 348 ; dossiers Francastel et Hentz et AA. 1180 et L'amateur d'autographes Paris, chez Charavay, n° du 1ᵉʳ novembre 1865, p. 69).

Le 13 avril (24 germinal an II), à Niort, il était arrivé à temps pour arrêter un mouvement contre-révolutionnaire qui se propageait jusque dans l'armée. Les Sociétés populaires se liguaient avec les riches ; tout le monde était fatigué du régime de la terreur. « Le plus mauvais esprit » régnait dans la ville. On fêtait le dimanche; les femmes sortaient sans cocardes; bien plus, les insignes de la royauté avaient été conservées sur les édifices.

Le lendemain de son arrivée, le 14 avril, il va, en compagnie de Francastel, à la Société populaire de Niort, monte a la tribune pour y interrompre un orateur qui parlait de la nécessité de l'Instruction publique, et le traite de contre-révolutionnaire...Notre tribun, « l'œil sombre et l'air inquiet », provoque la dissolution de la Société, après avoir fait l'éloge des généraux Grignon et Hucher... (1).

A Luçon, c'était bien pis ! Les Sociétés populaires étaient réellement maîtresses de la situation. Lorsque Hentz et Francastel arrivent dans cette ville le 18 avril, ils sont stupéfaits du progrès de la contre-révolution, et surtout de l'habileté avec laquelle on retourne contre les terroristes les armes forgées par eux : « Nous sommes ici au milieu de la scélératesse. On vient de faire guillotiner par la Commission militaire de Fontenay-le-Peuple un militaire, parce qu'il a tué des brigands... Nous vous dévoilons la plus infâme intrigue... on méconnaît le gouvernement... Nous avons été obligés de donner un exemple de sévérité contre une ville qui recélait le crime...

(1) Prudhomme, t. VI.

nous l'avons fait déclarer en état de siège... Nous avons le courage de braver les haines ; le salut public est là (1). »

Il y avait en effet quelque courage à braver les dénonciations incessantes ; mais Hentz se sentait soutenu à Paris, malgré les objections parfois sévères du Comité de Salut public. A Fontenay-le-Peuple, le Comité de surveillance imitait la Commission militaire, et trouvait Hentz tout au moins imprudent, quand il édictait des mesures générales ; ainsi, le 19 avril, le Comité de Salut public écrit à Hentz et Francastel : « Le Comité de surveillance de Fontenay-le-Peuple observe au Comité de Salut public que la partie républicaine du département de la Vendée va être, comme celle qui s'est montrée rebelle, livrée à la dévastation et à l'incendie, et demande un représentant du peuple pour lui rendre justice et écarter cette mesure terrible qu'elle n'a pas méritée. Le Comité vous envoie cette réclamation pour que vous preniez des mesures en conséquence ».

Il ne semble pas cependant que Hentz ait, en Vendée, organisé la dévastation sans discernement. Les déportations, les dépeuplements, n'étaient que des mesures temporaires ; certes, il semble bien n'espérer la fin de la guerre que quand la Vendée entière sera dépeuplée. Mais, en réalité, le Comité de Fontenay prend quelque peu les devants. Hentz n'a pas dit : « Tuez les tous, Dieu reconnaîtra les siens », puisqu'il promettait le 19 avril, « une récompense à quiconque apporterait la tête d'un brigand ». Sans discuter la moralité

---

(1) Archives nationales AA. 42, n° 1321. Lettre du 29 germinal an 2 au Comité de Salut public.

du procédé, il faut bien remarquer que cela contredit l'assertion de Fontenay-le-Peuple. Quand on met à prix la tête de ses ennemis, c'est qu'on cherche à les faire tuer par la population : donc, on veut conserver la population, on ne dévaste pas ; car qui resterait-il pour apporter la tête ?

Le 21 avril, c'est aux Sables d'Olonne que Hentz épure les autorités. Mais il est toujours en butte à des rivalités politiques. Fayau lui avait désigné trois citoyens des Sables, méritant, affirmait-il, toute confiance. Ils profitèrent des pouvoirs qui leur étaient délégués pour tourmenter la population, et Hentz fut regardé comme un sauveur en délivrant les habitants de « ces trois coquins ». (1)

Du reste, il a toujours la même haine contre « les pétitionnaires » ; il a en horreur cette « détestable Commission militaire de Fontenay ». On a dénoncé à la Convention les mesures prises, on calomnie les généraux ; aussi il se prépare à revenir à Paris. « Ne jugez rien, écrit-il au Comité de Salut public, avant notre arrivée ». Et il finit sa lettre par cette phrase navrante : « On vous parle de la richesse du pays ; cela est vrai ; mais la population en est détruite. Il n'y reste que des assassins... ».

Ces dénonciations incessantes fatiguaient le Comité de Salut public, qui avait recommandé tant de fois aux représentants en mission de parcourir les départements, de voir tout par eux-mêmes, surtout. Le 22 avril, il réitérait cette objurgation à Hentz et Francastel. C'était superflu ; ces deux représentants étaient dans un perpétuel voyage. Nous les trouvons le 23

(1) Wallon, t. 1, p. 244, lettre du 2 floréal.

avril à La Rochelle, d'où ils se proposent d'aller en Indre-et-Loire réorganiser les autorités (1). Garrau va les quitter pour aller à l'armée des Pyrénées ; eux-mêmes ont hâte de rentrer à Paris. Un ordre important du Comité de Salut public leur est expédié à ce moment : les réfugiés Vendéens ont des intelligences avec les Anglais ; il faut les éloigner des côtes.

Le 25 avril, Hentz est à Niort, dans cette ville où il a tant d'ennemis. Il envoie une sorte de rapport, de justification, au Comité de Salut public : « Lequinio a été trompé (c'est lui qui avait transmis les dénonciations). Ne vous laissez pas tromper, dit Hentz ; la Vendée est finie... On peut circuler partout presque sans escorte... Cortez, Bard et Duval sont des Westermanistes... » Il n'y a pas contradiction avec sa lettre du 21 ; on circule sans escorte : parce que sans doute les « assassins » dont il parlait, ne sont plus qu'en très petit nombre.

Le 29 avril, Hentz et Francastel sont à Angers ; sur le point de terminer leur mission, ils tiennent à remercier publiquement la Commission militaire de tout ce qu'elle a fait pour la Révolution : ils lui adressent en ce jour le certificat suivant, publié par les *Affiches d'Angers* : « Les représentants du peuple annoncent leur satisfaction à la Commission militaire d'Angers, de la manière énergique, révolutionnaire et pleine de dignité avec laquelle elle a exercé ses fonctions, tant par ce qui est de leur connaissance personnelle que par les bons témoignages qui leur ont été rendus à cet égard » (2).

(1) Wallon, t. 1, p. 245, Lettre du 4 floréal.
(2) Uzureau, Champ des martyrs, p. 22.

Ils étaient de retour à Paris le 5 mai, puisque à cette date, le Comité de Salut public écrit à Prieur de la Marne : « Le retour à Paris de Hentz et Francastel rend ta présence nécessaire à Nantes... ».

D'après son compte du 3 pluviose an III, Hentz avait visité la Vendée du 22 pluviose au 13 floréal (3 mai 1794), et avait reçu 5.000 livres à partager avec Garrau.

Dans une brochure imprimée par ordre de la Convention nationale en vendémiaire an III, Hentz se justifie, et justifie en même temps ses collègues des mesures prises en commun.

Il répète alors les arguments que nous avons trouvés dans sa correspondance : les seules cruautés, les seuls brigandages accomplis en Vendée l'ont été par les Vendéens (1).

(1) Exposé de sa mission. Wallon, I, p. 247.

CHAPITRE VII

LA 2ᵉ MISSION DANS L'EST. — LA RÉACTION

Hentz ne resta pas longtemps à Paris. Le 28 mai 1794 (9 prairial an II), la Convention l'envoyait en mission près des armées du Rhin et de la Moselle (1).

Arrivé à Metz, sa ville natale, il se rend le 1ᵉʳ juin (13 prairial an II) à la séance de la Société populaire, où il expose les motifs de sa mission, donne quelques conseils au sujet de l'esprit public ; il vient de prendre un arrêté pour requérir les fusils de calibre ; si on désarme ainsi les citoyens, c'est pour armer ceux qui couvrent les frontières de leurs corps (2).

Notre personnage est alors à l'apogée de sa fortune politique ; le Comité de Salut public avait proposé Le Bas, en même temps que lui ; ils devaient remplacer les représentants Duquesnoy et Mallarmé, rappelés. Mais Le Bas demeura dans le Nord. Hentz restait seul en ce moment pour la mission, la plus importante peut-être de toutes. Véritable dictateur, il avait le pas sur ses collègues envoyés à l'armée du Rhin ou à l'armée de la Moselle. Lui, il était chargé de l'organi-

(1) Aulard. Recueil, t. XIII, p. 790.

(2) Arch. nat., D. III-348. Extrait du procès-verbal adressé par la Soc. pop. au Comité de Salut public.

sation des deux armées, comme il le dit avec quelque fierté dans une de ses lettres au Comité de Salut public ; le ton de sa correspondance avec Carnot indique quel degré de confiance avait en lui l'*Organisateur de la victoire*.

Nous allons le voir diriger les mouvements des armées, nommer et destituer les généraux de division, prendre les mesures nécessaires ; pourtant, sa santé est toujours précaire ; il ne sait pas se tenir à cheval, ce qui l'empêche de se montrer à la tête des troupes, — et il en a bien envie, pourtant !

Et, chose curieuse, le petit avocat de Metz, devenu général en chef, amène le succès partout où il passe. Type réel des farouches conventionnels popularisés par Charlet, il galvanise les troupes, rend du cœur aux généraux découragés. En même temps, il épure les autorités constituées : partout la main de fer ou plutôt, le boulet de canon qui va droit à son but sans souci de ce qu'il écrase au passage.

Notre représentant manquait d'éducation militaire et d'aptitudes physiques pour être Hoche ou Masséna. Il fut, à côté, le type parfait qu'avait cherché la Convention, quand elle imagina d'envoyer des représentants près des armées. A force de voir de près des opérations militaires, de visiter des camps et des places fortes, il avait acquis cette sorte d'intuition qui faisait gagner les batailles du grand Condé. Partout, il applique la tactique offensive qui répond si bien au génie français. Il déteste les bureaucrates, les avocats, les réclameurs, et il veut couler dans le même moule l'Ouest, le Nord, l'Est, et partout sa manière uniforme est aussi la manière forte.

Comme dans ses précédentes missions, Hentz avait été envoyé pour ainsi dire en désespoir de cause pour remplacer des représentants compromis par de lourdes fautes.

Mallarmé, dans le département de la Moselle, n'avait aucune autorité ; Duquesnoy, à Metz, avait commis tant de maladresses que sa position était intenable. Quant aux deux armées, elles se ressentaient vivement des tiraillements entre les généraux et les représentants ; de plus, Michaud, général en chef de l'armée du Rhin, manquait à la fois de décision et de prestige. L'échec récent de Kaiserslautern lui était imputable, et Carnot le savait bien. Dans une lettre remarquable qu'il écrivait à Hentz, au début de sa mission, il lui recommandait de réorganiser l'armée, de redonner du cœur à Michaud. Carnot parle ici à Hentz comme à un général, et il termine en disant : « Notre confiance repose tout entière sur ton énergie. » Or, Carnot se connaissait en hommes.

Que de chemin parcouru en deux ans, par l'ancien juge de paix de Sierck, revenu dans son pays avec de grands pouvoirs ! Il avait reçu à Metz la lettre de Carnot ; il se mit à l'œuvre immédiatement, et, le 4 juin, il écrit de Sarrebruck qu'il vient de se rendre compte de la situation. L'ennemi « amuse l'armée du Rhin » et fait filer toutes ses forces sur Sarrelouis (1). Hentz s'est transporté dans cette ville, y a fait mettre une garnison suffisante. Mais, en même temps, il

(1) L. Moreaux. Le général René Moreaux et l'armée de la Moselle 1792-1795. Paris, 1886, p. 132-136.

donne immédiatement la mesure des moyens qu'il compte employer : « Comme c'est un pays d'égoïstes et de riches tanneurs, j'ai prescrit de mettre hors de la ville, au moment de la circonvallation, femmes, enfants, vieillards et surtout tous les riches (il n'y a que ceux-là qui conspirent). »

Par le même arrêté, Hentz se proposait de paralyser les sociétés populaires, pour empêcher que la place ne soit rendue par capitulation. Comme il a des pouvoirs de dictateur, il en use : il se rend le même jour à Bitche, où il emmène avec lui Moreaux, qui commande « ce qui reste de l'armée de la Moselle ». Sachant que le général en chef de l'armée du Rhin se rend aussi à Bitche, il se propose de conférer avec les généraux commandants « sur ce qu'il faut faire ».

A Metz, Hentz avait trouvé beaucoup de soldats, mais c'était une foule sans cohésion. Il proposait de prendre quelques vieilles troupes aguerries de l'armée de l'Ouest, qu'il connaissait bien, pour encadrer ces conscrits ; mais on manquait de fusils. Il n'est pas possible, disait-il, de les envoyer à l'ennemi avec des bâtons. Il ajoutait ces mots caractéristiques, dont on lui fit plus tard un dur reproche : « Envoyez-moi un collègue ; je demande toujours Le Bas. Je vais être seul pour les deux armées. »

Le Comité de Salut public, pour l'instant, paraissait surtout préoccupé de l'esprit public des départements frontières. Le 6 juin, il écrivait aux représentants en mission près de l'armée de la Moselle, que le fanatisme s'agitait sourdement dans les départements de la Meurthe et de la Moselle, et qu'il fallait prendre des mesures pour étouffer les conspirations de l'aristocratie. La rigueur déployée par Hentz lui fut âprement reprochée plus tard, et on l'accusa d'avoir « terrorisé ». C'était possible, mais il ne faisait qu'obéir aux ordres précis du Comité de Salut public. Remarquons d'ailleurs qu'il fut réellement seul à prendre toutes responsabilités dans cette dernière mission ; presque toute sa correspondance avec le Comité est de sa main, signée de lui seul.

Le 7 juin, il est à Landau ; il donne d'importants renseignements sur les mouvements des troupes françaises chargées de défendre les Vosges. Il a rendu courage à Michaud, brave, mais d'esprit borné. Des fusils, on vient d'en recevoir 6.000 de Paris, et on en a trouvé 9.000 à Strasbourg ; Hentz en trouve jusque dans les hôpitaux ; il les fait racommoder !

Et toujours la griffe du lion : « Envoyez-moi ici Dusirat, adjudant général ou général de brigade à l'armée de l'Ouest. Ce sera ici un excellent général de division ».

Enfin il donne des renseignements peu favorables sur l'esprit public : « Tout le Haut, le Bas-Rhin et les districts de la Moselle qui ne parlent qu'allemand sont plus mauvais que l'ennemi ».

Hentz attribue cet esprit contre-révolutionnaire à l'ignorance dans laquelle on a laissé le peuple. Tous ceux qui ont quelque instruction sont riches, donc aristocrates. Landau, en particulier, est si mauvais, que si cette place était menacée d'un siège, Hentz emploierait à nouveau le moyen radical d'en faire sortir tous les habitants ! Il cite à l'appui l'exemple de Landrecies, où la population a obligé les braves sans-culottes de la garnison à une capitulation honteuse. Nous voyons ici l'état d'âme de Hentz. Les riches, pour lui, ne peuvent pas être de bons patriotes. Que de fois ne lui a-t-on pas reproché cette haine des riches ! Nous n'en serons pas étonnés : lui-même fut toute sa vie désintéressé. Alors que d'autres, dans des situations bien plus modestes, trouvèrent le moyen de s'enrichir, il resta pauvre. Après avoir été le dictateur obéi dans quatre armées, il rendit des comptes de dépenses infimes. C'était un convaincu, qui mettait ses actes d'accord avec ses idées.

Son nouveau rôle d'organisateur d'armées l'avait enthousiasmé. Il méprise les riches, gens de négoce et de comptoir, alors que lui, le tribun, l'apôtre, brave les maladies, se surmène pour collaborer à défendre la frontière, c'est-à-dire, au fond, les coffres de ces mêmes riches.

L'activité, le mouvement, tout est là ! « Je veillerai bien, écrit-il au Comité de Salut public, à ce que nos généraux ne laissent jamais l'armée oisive. Ils se mettent en position, et puis ils restent là tranquilles... C'est là ce qui fait notre mal. L'ennemi vient nous surprendre, alors que nous devrions nous-mêmes l'attaquer ». Ceci se retrouve cent fois dans les « maximes napoléoniennes ». Hentz ne paraît pas aimer les officiers étrangers ; il avait trouvé dans l'armée du Rhin, un général, Ferino, brave, mais italien ! Cela lui suffisait pour « l'ôter à l'armée ». Le même jour, il destitue deux chefs de brigade.

Pour éviter toute traîtrise, il refuse les offres des Prussiens, qui veulent rendre 150 prisonniers sans échange : *Timeo Danaos et dona ferentes*, ajoute-t-il, latiniste parlant aux lettrés du Comité de Salut public. On ne s'attendait guère à voir Virgile en cette affaire ! Mais Hentz supposait que si l'on renvoyait ces prisonniers sans échange, c'est que c'étaient des traîtres sur la connivence desquels les Prussiens comptaient. L'avocat retors a bien appris les ruses de guerre.

Il aurait dû apprendre à monter à cheval. Son médiocre talent en équitation l'empêchait de paraître à la tête des troupes, et il semble qu'il le regrettait amèrement ; Rougemont, au contraire, portant beau, cavalier accompli, était là à sa place, et Hentz avait assez d'abnégation pour le recommander au Comité de Salut public : « Il serait utile de lui donner la mission de suivre les colonnes ; car moi je ne puis me tenir assez à cheval... ».

Le 13 juin, Hentz est encore à Landau. Il vient de nommer à de hauts grades des braves qui restaient dans l'ombre ; « parce qu'ils n'intriguaient pas », Vachot, général de division ; Courtot, idem ; Gouvion-St-Cyr, adjudant-général, appelé de l'armée de la Moselle, remplace l'italien Ferino comme général de division (1). Il épure « à force » les états-majors. Il donne, dit-il, ses premiers soins à l'armée, qui en avait grand besoin. Quand le mouvement sera donné, il parcourra les départements du Haut et Bas-Rhin, « et je mettrai à la raison les égoïstes, les agioteurs et les contre-révolutionnaires allemands ».

Hélas ! Hentz les mit si peu à la raison, qu'ils le mirent, eux, hors de ces départements !

Il crut avoir, le 18 juin, fini la première partie de

(1) Hentz dit à propos de Ferino : Il nous trahissait en italien.

sa tâche. L'armée du Rhin venait de remporter quelques succès. L'armée de la Moselle était « dans un état satisfaisant ». Il avait d'ailleurs un service excellent d'espionnage ; car il venait de surprendre les projets de l'Empereur sur l'Alsace. Il envoyait à ce sujet une lettre interceptée par ses espions, qui renfermait de curieux détails sur les projets des coalisés.

Une chose préoccupait Hentz au plus haut point dès cette époque : les assignats, seule monnaie mise à la disposition des serviteurs de la République, avaient subi une dépréciation énorme. On a élucidé, dans de savants travaux, les causes multiples de cette catastrophe.

L'introduction, sur le passage de nos armées, de ballots d'assignats faux, provenant de fabriques (le mot n'est pas trop fort) établies à deux pas de nos frontières, embarrassait beaucoup nos représentants. Dans le Haut et le Bas-Rhin, et aussi dans le nouveau département du Mont-Terrible (ancien Evêché de Bâle) les assignats valaient le poids du papier. La situation était grave, puisque officiers, fonctionnaires et les représentants eux-mêmes n'avaient guère à leur disposition que cette monnaie artificielle, et les troupes, surtout, souffraient terriblement de sa baisse.

Cependant le courage des soldats ne s'abattait pas ; l'armée avait eu, le 20 juin, quelques succès près de Landau ; le même jour fut tenu un Conseil de guerre, auquel assistaient tous les généraux divisionnaires des armées du Rhin et de la Moselle. Un plan d'attaque fut combiné, et son exécution fut confiée au général Desaix, sur lequel Hentz dit ces quelques mots caractéristiques : « plein de talents, de bravoure, et généralement estimé ». Mais à ce même Conseil, on se plaignit de la Commission d'évacuation du Palatinat ; elle exerçait des fonctions, « qui n'avaient pour but que de lui faire des amis ». Sous la plume d'un homme qui bravait les haines, les dénonciations, c'est une accusation très nette (1).

Hentz voulut aller combattre le mal dans sa source. Il partit faire une grande tournée dans ces contrées où les « malveillants » étaient sinon en majorité, du moins les plus puissants par leurs relations, leur éducation et leur fortune.

Le 25 juin, il partit pour « faire un petit tour » à Strasbourg, mais il ne s'y arrêta guère, puisque le 27 juin, un agent du Comité, Garnerin, écrivait un rapport très intéressant sur une tournée qu'il venait de faire en compagnie de Hentz dans les départements du Haut-Rhin et du Mont-Terrible.

Remarquons en passant, que les documents relatifs à cette dernière mission sont rares : le dictateur agissait plus qu'il n'écrivait.

Son opinion, assise sur des renseignements sérieux, devint une conviction parfaite après cette rapide exploration : les prêtres réfugiés « fanatisaient » le peuple, les juifs agiotaient sur les assignats et les fournitures. Telle était la double raison du discrédit national. Mais il fallait surtout se défier de leurs manœuvres hypocrites : ces deux adversaires de la République se combattaient entre eux sur le dos de la France, et jouaient double jeu.

(1) Hennequin, p. 220, 514, 545, 558 et 565.

Dans le département du Mont-Terrible, si long-temps soumis à une administration sacerdotale, c'eût été une grave imprudence de vouloir d'un seul coup proscrire les prêtres et la religion. Hentz fit là quelques remarques très judicieuses, qui nous le montrent sous un aspect encore nouveau. Nous le connaissions jadis juriste, puis tacticien ; le voici administrateur, sociologue, et il a des mots tranchants : « les assignats ont plus de valeur dans ce pays que dans les Haut et Bas-Rhin ; parce qu'il n'y a pas de juifs. »

Hentz ne se lassait pas de demander une meilleure garde pour cette frontière, où des marchés honteux se faisaient impunément ; parce que pour couvrir 18 lieues, il n'y avait qu'un seul bataillon de volontaires. Le bénéfice judaïque provenait encore de l'agiotage sur les assignats : la France, pour se procurer des bestiaux à l'étranger, les payait en *numéraire*. Or, ces bestiaux soi-disant étrangers, mais achetés en réalité en France avaient été payés par les Juifs en *assignats* !

Hentz le terroriste n'aimait pas les Juifs. Si des publicistes passionnés ont pu dire que la Révolution avait été faite par les juifs et pour les juifs, ne devons-nous-pas être étonnés de rencontrer un « pur » qui certes n'a pas, lui, travaillé pour Israël.

Le 3 juillet, de retour à Landau, Hentz, malade encore d'une nouvelle attaque de dyssenterie, se désole de n'avoir pu, sur le champ de bataille de Germesheim, donner ses habituels conseils d'audace. Un seul canon, démasqué à propos par les Autrichiens, met nos troupes en déroute, alors qu'il était si facile, dit Hentz, de s'emparer du canon ! Une rapide enquête prouva que cette fois il n'y avait pas eu faute de tactique, mais une panique inexplicable dont les meilleurs soldats ne sont jamais exempts.

Cependant, le lendemain, quand il reçut du général Moreaux des détails sur l'attaque de Trippstadt par l'armée de la Moselle, où le succès échappait encore aux Français par suite d'une panique semblable, Hentz prit la résolution toute martiale de couper court à ces folles terreurs par un exemple : « ces lâches déserteurs seront livrés au glaive de la loi ». Napoléon, en 1813, accablé de rapports sur les déserteurs, s'exprimait exactement de même : « Faites des exemples », écrivait-il à ses généraux.

Dans de semblables cas, le remède habituel était la création de commissions militaires, qui, faisant justice rapide, jugeaient sans appel. Duroy et Rougemont en formèrent une à Strasbourg le 8 juillet ; Hentz, qui avait le pas sur ses collègues, comme chargé de la surveillance générale des deux armées, donna son approbation.

Il se rencontre en ce moment avec Goujon (1), en mission depuis un certain temps sur ces mêmes frontières ; mais dès le lendemain, le 9 juillet, les deux représentants se séparèrent. Goujon retourna à l'armée de la Moselle, près du général Moreaux, Hentz resta à Landau à l'armée du Rhin, avec le général Michaud. Par un arrêté du même jour, l'armée de la Moselle devait subordonner ses opérations à celles de l'armée du Rhin (2).

(1) Envoyé aux armées par un arrête de Comité de Salut public du 17 prairial.

(2) Ordre du jour au quartier général de l'armée du Rhin, à Insheim, 21 messidor an II (9 juillet 1794) imprimé dans les Mémoires de l'Académie de Stanislas, Nancy 1897 p. 223.

Cependant des tribunaux révolutionnaires fonctionnaient dans toute cette région, et la Convention était assaillie de pétitions au sujet des sentences rendues. Hentz méprisa d'abord ces dénonciations ; ayant à s'occuper de l'organisation de deux armées, il n'avait guère le temps de s'arrêter à ces vétilles : « de minimis non curat pretor. » Mais le Comité de Salut public lui demanda des explications, et c'est par la réponse de Hentz (Landau, 9 juillet) que nous sommes renseignés à ce sujet. Il avait établi deux tribunaux révolutionnaires, dont l'un, muni de pouvoirs plus étendus que les tribunaux analogues d'après la loi du 16 juin 1793, devait juger les émigrés et les prévenus d'espionnage.

Cette institution s'expliquait par la nécessité de répondre aux « moyens de terreur » employés par l'ennemi. On poursuivait les colporteurs de mauvaises nouvelles, ceux qui par timidité ou par calcul répétaient les menaces des généraux prussiens. Ce n'était pas absolument dans le texte de la loi organique ; mais Hentz avait pris sur lui de donner à ce tribunal « un peu plus d'extension. »

L'autre tribunal était une innovation de Hentz, commandée par les circonstances, et était composé de patriotes, pour « punir les contre-révolutionnaires, et réprimer cet affreux agiotage qui déprécie les assignats. » Cet agiotage était en effet poussé à un point tel qu'il devenait un danger public. « Cette manœuvre infâme est portée dans ces départements à un excès qui deviendrait extrêmement dangereux, si on ne se hâtait de le réprimer par des moyens sévères. »

Les moyens sévères de Hentz furent approuvés. Il

fallait débarrasser l'armée de ces maux ; car on préparait une opération fort importante. L'ennemi avait réuni d'immenses approvisionnements à Trèves. Carnot voulut s'en emparer et il envoya dans ce sens, le 11 et le 13 juillet, des instructions à Hentz : « Soufflez-lui les magasins de Trèves ».

L'opération était difficile à conduire : elle devait rapporter, en cas de succès, de grandes ressources matérielles ; mais un insuccès même partiel aurait compromis le prestige des armées républicaines : « il est très important, écrivait Carnot à Hentz, que les troupes républicaines ne soient jamais battues. »

Les républicains s'avançaient en effet au milieu de l'hostilité sourde des populations ; le moindre échec était exploité contre eux par tous les moyens de publicité, et le tribunal révolutionnaire, malgré *l'extension* que lui avait donnée son fondateur, était impuissant contre l'opinion de tout un peuple.

Dès le 15 juillet, Hentz avait commencé à exécuter le plan de Carnot (qui était d'ailleurs le sien), et il était à Spire, première base conquise. L'ennemi fuyait ; Moreaux et Michaud avaient opéré leur jonction, et les Français pouvaient se croire maîtres du Palatinat.

Dans la correspondance si intéressante de Hentz avec le Comité de Salut public à ce moment, l'esprit d'à propos ne perd jamais ses droits. Le plateau du Platzberg, défense avancée de Spire, avait été emporté par la « furie française », sans aucun respect de la tactique. Dans la déroute des ennemis, le colonel autrichien qui avait fortifié cette position, fut fait prisonnier, et se plaignit amèrement à Hentz de ce que les Français n'avaient pas attaqué le plateau suivant les bonnes règles ! « Voyez, écrivait à Carnot notre conventionnel, la stupidité de nos ennemis ; ils ne peuvent pas comprendre qu'on les batte ; ils ne croyaient pas qu'il fut possible de vaincre sans leur tactique et leur méthode. »

La majestueuse tactique prussienne n'avait pas prévu l'élan des armées sans-culottes..,. et sans souliers. Mais n'est-il pas remarquable qu'il fût justement efficace, quand Hentz était présent ? Cette furie dans l'attaque n'avait amené que des revers : elle donnait des succès, maintenant que le représentant malingre, mauvais cavalier, tourmenté de dyssenterie, veillait à tout avec une volonté de fer et son simple souci de la défense de la patrie !

Quelques jours après, Hentz était revenu à Landau ; il voyait déjà les riches moissons du Palatinat coupées par l'armée du Rhin. Jamais les Prussiens n'avaient perdu tant d'hommes. Mais Trèves ne pouvait pas encore être attaqué ; on attendait les renforts de l'armée de l'Ouest, les cadres aguerris dont notre conventionnel avait réclamé la présence.

En attendant, ni l'armée, ni les représentants ne se reposaient. « L'armée va bien » écrivait Hentz à Carnot le 18 juillet ; ce qui voulait dire que tenue constamment en haleine, elle était *entraînée* à point, pour utiliser ce terme moderne. Les représentants s'occupaient de mettre à exécution l'arrêté du Comité de Salut public qui prescrivait l'échange forcé de cinq millions d'assignats contre la même somme en numéraire, moyen pratique, après tout, de relever le cours du papier.

Carnot avait cessé de conseiller Hentz de presser

le mouvement vers Trèves. Le 20 juillet, il lui écrivait : « J'applaudis avec toute la France aux exploits des armées du Rhin et de la Moselle. »

Mais le dictateur, qui ignorait le repos, était déjà reparti pour une nouvelle course d'inspection dans les départements du Haut-Rhin, Bas-Rhin et Mont-Terrible. En quelques jours, il les parcourut suffisamment pour juger la situation, et il la jugea triste.

Le peuple de ces départements se regardait comme étranger à la France, à ce point que le mot « Français » était une injure dans la langue de la populace, qui vivait dans un état d'ignorance invraisemblable. Les assignats subissaient une perte énorme ; partout la messe se disait ouvertement, la justice était nulle. Dans le Mont-Terrible, où Hentz s'était trouvé presque satisfait un mois auparavant, les intrigues avaient réussi à déconsidérer absolument la République. Une Société populaire, fondée à Porrentruy, ancienne résidence de l'évêque, ne servait qu'à persécuter les patriotes. Les juifs agioteurs pullulaient, soutenus par les riches, qui partageaient leurs scandaleux bénéfices. Les prêtres n'étaient pas moins dangereux : « Les prêtres réfractaires y exerçaient un empire révoltant, tenaient les citoyens dans une oisiveté scandaleuse, séduisaient les femmes, corrompaient les mœurs, inspiraient le mépris de la monnaie républicaine, maintenaient l'amour pour le vil métal des monarchies, appelaient la guerre et la mort sur ces contrées ». En raison de tous « ces crimes », ils furent internés à la citadelle de Besançon (1).

(1) Gust. Gautherot. La Révolution française dans l'ancien évêché de Bâle. Paris, 1907. 2 vol. in-8°, t. II, p. 120.

A cette grave situation, Hentz aurait voulu opposer
ses remèdes habituels : changer toutes les autorités
constituées ; « enlever les agioteurs et tout le numéraire », mais surtout ne donner d'autorité qu'à des
Français.

Strasbourg, où l'élément français dominait, accep-
tait mieux la Révolution. Mais pour l'ensemble du
pays, il fallait un représentant n'ayant pas à s'occuper
d'autre chose. Hentz, débordé par les travaux d'organisation de deux armées, souhaitait Francastel, qu'il
avait apprécié en Vendée. En attendant, il avait créé
une commission révolutionnaire ambulante, composée
de trois patriotes choisis par lui, qui parcourait le
pays en faisant des enquêtes pour rechercher les
contre-révolutionnaires (Arrêté du 21 messidor).

Par un autre arrêté, il prescrivait « l'enlèvement »
de tous les prêtres. Quant au numéraire, il estimait
qu'il aurait fallu l'échange forcé non pas de 5, mais
de 15 millions au moins.

Ces remarques de Hentz ne furent pas étrangères
à la mesure importante prise le 24 juillet par le
Comité de Salut public pour franciser les départements frontières. Par un arrêté long et motivé, le
Comité prescrivit l'enseignement de la langue française dans les départements du Haut-Rhin, Bas-Rhin
et dans les parties des départements de la Moselle et
de la Meurthe où l'allemand était encore la langue
courante du peuple. Tous les actes administratifs
devaient être rédigés en français ; cette langue était
seule admise dans les transactions publiques, etc.
C'était fort politique et cela répondait bien aux tristes
constatations faites par les représentants. Le peuple,

parlant allemand, ayant d'ailleurs conservé des mœurs allemandes, se croyait plus proche des Allemands envahisseurs que des Français républicains. Pour lui, le changement était trop brusque : régime, monnaies, langue, calendrier, tout était bouleversé, alors que du côté des ennemis, tout était semblable à ce qui avait été autrefois en usage.

Le 24 juillet, le mouvement sur Trèves est prêt (1); l'armée de la Moselle, avec ce qui vient d'arriver de la Vendée, forme 40 mille hommes. De plus, Hentz, qui avait des connaissances dans le Luxembourg, se rendit à Metz et à Thionville » pour essayer quelque stratagème ». Il demandait au Comité de Salut public de confirmer les changements de généraux qu'il avait faits ; il avait surtout recommandé le général Saint-Cyr. Les succès des armées du Rhin et de la Moselle en dépendent, ajoute-t-il.

Ici se place un des épisodes majeurs de la vie de notre personnage : l'incendie de la ville de Kusel, ordonné par lui, et qui lui fut tant reproché (2). Il ne parvint jamais à se laver complètement de cette tache, et ce fut certainement pour cette cause que sa carrière jusque-là si brillante se trouva brisée.

Essayons d'examiner les faits avec impartialité.

Le 25 juillet (7 thermidor), il écrivait de Pirmasens au Comité de Salut public que « d'après l'assurance du général en chef de l'armée de la Moselle, la ville de Kusel (pays de Trèves), repaire de fabrication de

---

(1) Hentz et Goujon au Comité de Salut public. Kaiserslautern, 24 juillet 1794.

(2) Brion. Zur Chronik der Stadt Kusel, 1894 — Emil Müller. Der Brand von Kusel im Jahre 1794. Ludwigshafen, 1901. — Hennequin, p. 361 et 571.

faux assignats, était inutile aux opérations militaires des armées de la République, et qu'il avait arrêté que cette ville serait brûlée ». Il chargeait le général en chef de mettre à exécution cet arrêté, dont il envoyait copie.

Le 28 juillet (10 thermidor), il envoie une lettre plus explicite : il est à Metz ; revenant de Kaiserslautern, il avait reçu à Pirmasens confirmation d'une dénonciation antérieure, que les faux assignats provenaient du bourg de Kusel. « Les généraux m'ont dit que ce bourg les gênait et m'ont demandé que je les autorisasse à le brûler. »

Hentz avait pris un arrêté en conséquence ; cette « expédition militaire » n'avait, paraît-il, donné lieu à aucun désordre chez les soldats, qui avaient agi « avec désintéressement et discipline, dans une circonstance où l'or et la corruption voulaient les séduire ».

Il y a quelque contradiction dans les deux lettres du conventionnel : dans la première, il prend toute la responsabilité de l'exécution ; dans la deuxième, il cherche à l'atténuer en la rejetant sur « la demande » des généraux.

Il y avait d'ailleurs contradiction dans l'essence même de l'arrêté, comme le firent remarquer plus tard les malheureux habitants de Kusel (1). Il eût été facile de saisir les fabricants de faux assignats, puis-

(1) Les Députés de la ville de Couselle, aux Citoyens Représentants du peuple Français, composant la Convention nationale. Paris, 15 floréal an 3. 8 pp. in-4° (Notre collection). — Kurze Nachricht von Verbrennung der Stadt Kusel durch die Franzosen. S. l. 1794 (Bibl. de la Soc. hist. de Sarrebruck). — Species facti mit einigen Beilagen, die Verbrennung der Stadt Kusel betreffend 1795.

qu'on était maître du pays. Hentz avait voulu, il le dit dans sa lettre du 10 thermidor, « faire un exemple ». Mais, le temps des *exemples* était passé !

Le 31 juillet, le Comité arrête que le citoyen Hentz, représentant du peuple, rentrera sans délai dans le sein de la Convention.

Or, le même jour, Hentz, conférant à Thionville avec Bourbotte et Goujon, s'apprêtait à marcher sur Trèves ; le mouvement différé par suite du manque de fusils devenait possible ; on avait reçu 6.000 fusils de Paris et on en avait tiré 6.000 de Strasbourg. Les 16.000 hommes venus de l'armée de l'Ouest avaient pu être armés ; Hentz avait confiance dans un mouvement d'enveloppement, et il avait organisé un service d'espionnage, grâce à ses relations dans le Luxembourg.

La proclamation relative au 9 thermidor (Chûte de Robespierre) avait été communiquée à l'armée : Hentz assurait le Comité que « cet événement, quoique inattendu, ne ralentirait pas l'ardeur des défenseurs de la patrie ». Il ajoutait : « Puisse la justice éclatante qui vient d'être rendue servir d'exemple à tous les ennemis de la liberté ! »

La nouvelle était certes inattendue pour lui, qui avait toujours considéré Robespierre comme le plus ferme appui de la République.

Une lettre séparée (1) du même jour et datée de Thionville, le 31 juillet (13 thermidor), allait plus loin : « Que tous les traîtres tombent !... tant de héros morts pour la patrie n'auront pas cet affront,

---

(1) Signée Hentz, Bourbotte et Goujon. (Hennequin, p. 367.)

que la terre qu'ils ont affranchie par leur courage retombe sous la verge d'un maître. »

Hentz, d'après une lettre de Rougemont du 2 août (15 thermidor), avait reçu cette nouvelle à Metz, d'après le livre du courrier lui-même (1). Pendant ce temps, l'ennemi, pour faire diversion au mouvement sur Trèves, marchait contre l'armée du Rhin pour la gagner de vitesse (2).

Mais Hentz « avant de partir momentanément » avait pris des mesures pour que l'armée pût tenir vigoureusement ses positions en avant de Spire.

Rühl, membre du Comité, parti dans cette région pour assurer l'exécution du décret de la Convention sur la langue française, écrit de Strasbourg, le 7 août (20 thermidor), que le commissaire des guerres de la place lui a montré un ordre qu'il venait de recevoir de Hentz de se rendre à Thionville, en disant qu'il hésite à quitter Strasbourg, parce qu'il suppose que le service de la place pourrait en souffrir ; Rühl a répondu fort justement qu'il n'avait point de pouvoir pour contrecarrer les ordres de ses collègues : le commissaire dut donc obéir. Cette hésitation seule est déjà caractéristique.

Le même jour Hentz annonce que le mouvement sur Trèves s'exécute depuis deux jours ; depuis que l'enveloppement se dessine, la terreur est à Trèves,

(1) J'ai reçu hier 14, à 4 heures du matin, par un courrier extraordinaire votre lettre du 10 du courant à laquelle était jointe la proclamation de la Convention sur la conspiration de Robespierre, etc., qui n'est arrivée ici qu'assez tard, parce qu'en venant il avait déposé pareil paquet à notre collègue Hentz, à Metz, ce dont je me suis assuré par le reçu que le courrier m'a représenté.

(2) Lettre du 4 août 1794 (17 thermidor), de Thionville, signée par Hentz, Goujon et Bourbotte.

tous les riches fuient. Les représentants vont prendre
des mesures pour arrêter les bestiaux que les paysans
emmènent avec eux.

Hentz demande l'avis du Comité sur le choix de
deux plans (qu'il détaille) à exécuter après la prise de
Trèves ; il se croit toujours dictateur. Quel désen-
chantement bientôt !

Le 8 août (21 thermidor). Hentz est à Sierck. Il y
trouve l'arrêté du 31 juillet (13 thermidor) qui le rap-
pelait à la Convention. Cette pièce lui avait été
adressée à Huningue « alors que j'en suis à plus de
100 lieues. Les voyages qu'a faits votre arrêté sont
cause que je n'en ai pas eu connaissance plus tôt ; je
m'abstiens en ce moment de tous pouvoirs, et je me
mets en route pour Paris, quelque malade que je sois.
Les armées vont bien. Demain nous serons à Trèves,
et nous aurons Luxembourg, si nous nous présentons
sérieusement. »

Hentz se mit en route immédiatement pour Paris ;
il avait cessé tout d'un coup d'être le dictateur redouté,
l'homme en qui le Comité de Salut public mettait
toute sa confiance. Le calvaire commençait.

A Thionville où il passait le 9 août (22 thermidor),
il apprit que la Société populaire venait, dans une
séance secrète, de rédiger une dénonciation contre lui.
On l'accusait d'avoir agi avec hauteur envers les autorités constituées, de n'avoir jamais daigné assister aux
séances de la Société populaire, d'avoir fait arrêter
des fonctionnaires publics sans motif. Hentz écrivait
au Comité de sûreté générale pour se justifier : il avait
fait arrêter des étrangers qu'il considérait comme
les véritables espions de Cobourg dans Thionville et il

n'avait pas eu le temps d'aller à la société populaire ; parce qu'en quinze jours il avait organisé « l'armée de 50,000 hommes qui prend Trèves » (1).

Hentz attribuait à Rolly (2), naguère président de cette Société populaire, les manifestations d'opinions hostiles ; mais Thionville avait toujours été dominée par les malveillants. Hentz s'autorisait, pour l'affirmer, de l'opinion de Merlin, qui avait un jour demandé à la Société des Jacobins d'envoyer de Paris un agent national à Thionville, aucun citoyen de cette ville ne lui paraissant digne de cet emploi.

D'ailleurs, les démêlés de Hentz avec la Société populaire de Thionville remontaient loin. On l'avait accusé de mener une vie de satrape, et une lettre d'un nommé Monin, « un des défenseurs de la patrie » le représente, recevant les membres de la Société « couché en robe de soie sur un sofat de même », et refusant de répondre au titre de *citoyen*, en disant : « il n'y a pas de citoyen ici ; tu parles au *Représentant du peuple* » (3).

Dès le 24 juin 1794 (6 messidor an II) la société populaire de Thionville, délibérant au sujet d'un arrêté de Hentz du 21 juin (3 messidor an II), relatif à Rolly et Déchaux (4) avait blâmé les termes de cet arrêté et proclamé qu'elle tenait Rolly pour un bon républicain. On invitait même le représentant « à faire connaître à la société les individus qui ont osé, à l'aide de la calomnie, surprendre sa religion. »

(1) Lettre orig. du Comité de sûreté générale. 3 p. in-folio. Notre coll.

(2) Jacques Rolly, avocat, maire de Thionville, 1792 au 28 mars 1794.

(3) Arch. nat. D III, 348.

(4) Hubert-François Déchaux, garde magasin des vivres de la guerre à Thionville et beau-père des généraux Hoche et Debelle.

Hentz avait écrit à la société, quelques jours avant, pour l'engager à procéder à son épuration. A l'unanimité, la société se déclara suffisamment épurée par Mallarmé (1).

Le 8 août (21 thermidor) on revint sur l'affaire du 3 messidor, sur l'arrestation par ordre de Hentz, des citoyens Trotyanne (2) et Degœtz (3) qui ont été traduits au tribunal révolutionnaire de Paris. On réclamera, mais pas auprès de Hentz, qui a toujours méprisé la société populaire ; on s'adressera directement au comité de sûreté générale.

On était alors en pleine réaction thermidorienne. Le 16 thermidor, le Comité de Salut public avait envoyé au département des Vosges un arrêté supprimant la commission ambulante créée par Hentz le 21 messidor, cette commission de trois patriotes chargée de rechercher les contre-révolutionnaires. L'arrêté du Comité de Salut public fut affiché dans tout le département.

A Sierck même on faisait contre Hentz une campagne de dénonciation fort active. Toigat, notaire à Sierck, accusait Hentz d'avoir terrorisé le directoire du département de la Moselle et le conseil municipal de Sierck : il avait menacé ces deux assemblées de les épurer par la guillotine, et malgré leurs protes-

---

(1) Organisation des municipalités du district de Thionville, 11 prairial, an II (30 mai 1794). — Mazade, représentant en mission, épura encore le 24 germinal an III (13 avril 1795) les autorités de ce district.

(2) Jean-François Trotyanne, avocat, procureur-syndic du district. (Bégin, t. IV.)

(3) Pierre-Joachim Degœst, secrétaire greffier du district.

tations, Toigat avait été arrêté et traduit au tribunal révolutionnaire de Paris (1).

Pendant ce temps, Hentz, revenu à la Convention, préparait sa justification. Il savait combien de haines il avait amassées pendant ses missions. Il fournit d'abord à la Convention un *Rapport sur sa mission près des armées du Rhin et de la Moselle et sur la conspiration de Robespierre* (2).

Ce rapport imprimé par ordre de la Convention est peu documenté. L'auteur se borne pour ainsi dire à des généralités. Il expose l'ensemble des opérations militaires, justifie les mesures extrêmes qu'il a prises, en particulier la destruction de Kusel, et invoque surtout les résultats obtenus. Puis il se défend d'avoir pris part « à la Conspiration de Robespierre ». — Au contraire, dit-il, Robespierre ne lui avait jamais pardonné d'avoir brisé la tyrannie établie à Lille par ses deux créatures Dufresse et Lavalette.

Il ajoute que les missions de Prieur, puis de Saint-Just et Le Bas, étaient dirigées contre lui ; Robespierre les avait envoyés dans le Nord pour vérifier sa conduite.

En terminant, Hentz a une phrase topique, assez surprenante, mais qui dut cependant faire quelque impression : « Je n'ai jamais eu à me reprocher d'avoir fait des victimes ; je n'ai envoyé que sept ou

(1) Archives municipales de Sierck. Reg. des délibérations XI, p. 7 à 10.

(2) Observations ou rapport par Hentz, Représentant du Peuple, relativement à sa mission, près les armées du Rhin & de la Moselle & dans les départemens qui en dépendent, & sur la conspiration de Robespierre. Paris, s. d., 12 pp. pet. in-8°. (Arch. nat., A D XVIIIᵃ, 38. — Notre collection.)

huit personnes au tribunal révolutionnaire, et elles ne sont pas encore jugées. Je n'ai jamais fait donner de place à aucun de mes amis ; loin de sacrifier l'intérêt public à des considérations personnelles, j'ai fait arrêter mon beau-père Daubrée, risquant ainsi de perdre sa succession, si le tribunal le trouve coupable. »

De ce « Rapport », cependant, on peut tirer des observations intéressantes sur les départements frontières : le Haut et le Bas-Rhin sont animés de l'esprit révolutionnaire, et la meilleure preuve, c'est que leurs représentants à la Convention sont presque tous montagnards. Mais le Mont-Terrible est réactionnaire : travaillé par les prêtres, il est ruiné par les Juifs, et la différence de langue crée des difficultés incessantes.

Hentz fait une remarque générale, c'est que les pays de langue française ont facilement accepté la Révolution : Belfort, Porrentruy sont républicains. Au contraire, les pays de langue allemande y sont réfractaires ; à Strasbourg même, le maire Dietrich « a fait reculer l'esprit public ».

Pour « améliorer l'esprit public » dans ces départements frontières, Hentz avait pris des mesures radicales ; il avait, par exemple, fait arrêter tous les prêtres ! sauf, ajoutait-il, à mettre en liberté ceux qui seront reconnus bons citoyens. Un pèlerinage à Altkirch avait servi de prétexte à quelques manifestations ; Hentz avait fait détruire le sanctuaire ; une église où un prêtre avait prêché contre les terroristes fut fermée, le clocher abattu.

Enfin les agioteurs furent recherchés ; l'échange d'assignats contre le numéraire fut étendu au Bas-Rhin ; les autorités constituées de Strasbourg avaient approuvé cette mesure.

Quelques jours après, Hentz fit parvenir à la Convention des *Notes à ajouter au rapport* (1).

Il reprend cette fois point par point les accusations dont il se savait l'objet de la part des sociétés populaires. Si Kusel fut détruit, c'est que cette ville abritait une fabrique de faux assignats et que les généraux avaient estimé l'opération nécessaire ; d'ailleurs, avant de brûler la ville, on en avait fait sortir tous les habitants (2), après les avoir fournis de subsistances.

La défense paraît faible ; Hentz se retranche derrière les ordres du Comité de Salut public, qui portaient de « ravager le pays » pour enlever à l'ennemi les moyens de se ravitailler. En effet, une lettre de Carnot, du 23 messidor, contient des prescriptions de ce genre. Or, les généraux « sont timides quand il s'agit de mesures extraordinaires ».

Comme il est facile de le voir, cette « timidité » des généraux s'accorde mal avec l'affirmation de Hentz, qu'ils lui ont demandé la destruction de Kusel. En fait, quand une mesure de ce genre a été prise, personne n'en accepte franchement la responsabilité.

Pendant un mois, notre personnage prend part aux

---

(1) Notes à ajouter au rapport de Hentz, sur sa mission près des armées du Rhin et de la Moselle ; imprimées par ordre de la Convention nationale, Paris, s. d. petit in-8°. 6 pp. (Arch., nat., AD XVIII 38.— Bibl. de l'Université de Strasbourg.)

(2) Dans sa lettre du 10 thermidor an II, Hentz parle seulement « des malades, des enfants et des vieillards ».

travaux de la Convention sans attirer l'attention. Mais les dénonciations arrivent de toute part.

Le 29 septembre 1794 (8 vendémiaire), un long et terrible débat a lieu à la Convention au sujet de la guerre de Vendée. La Convention décrète que le Comité de Salut public fera un rapport sur la conduite des généraux et des représentants ; on recherchera les jugements des commissions militaires ; on fera imprimer tous les arrêtés des représentants.

Hentz surtout fut violemment attaqué pendant cette séance. Il n'obtint la parole que le lendemain ; il se défendit longuement et habilement, et parvint encore à détourner l'orage ; l'affaire fut renvoyée au Comité de Salut public.

Pourtant les enquêtes ordonnées un peu partout, sur le rôle des terroristes, commençaient à produire leurs fruits. Les Sociétés populaires recueillaient des dénonciations dont la Convention était accablée. En Vendée, notamment, des faits graves furent révélés. Le 13 octobre (22 vendémiaire an III) la Société populaire de Fontenay-le-peuple dénonçait Hentz et Francastel (1) ; le 28 vendémiaire, c'était la Société des Droits de l'homme d'Angers, affirmant que des scènes horribles s'étaient passées en Vendée pendant la mission de Hentz (2), et qu'il fallait suspendre le jugement sur le mémoire justificatif que ce représentant s'apprêtait à publier. Ce mémoire parut en effet peu de

(1) Arch. nat., D III, 348.

(2) Après le départ de Carrier, Hentz et Francastel avaient toléré les abominables exécutions ordonnées par le général Turreau : on rassemblait les habitants d'une commune pour les fusiller en masse. (Cte FLEURY, *Hist. de Carrier*, p. 330 à 349. — PRUDHOMME, t. VI, p. 223 à 343.)

temps après septembre ou octobre 1794, sous le titre : « Rapport de Hentz et Francastel sur leur mission près l'armée de l'Ouest, conjointement avec leurs collègues Garrau & Prieur, délégués près la même armée (1) ». Ce document ne nous apprend rien de nouveau ; c'est la reproduction des arguments vingt fois répétés dans la correspondance des représentants. Les Vendéens seuls ont commis des brigandages, leurs femmes étaient les plus acharnées, mutilant les blessés, servant d'espions, etc. Au contraire, les soldats républicains ont toujours agi avec humanité.

Nous remarquerons encore, comme à propos des « Observations sur la mission aux armés du Rhin et Moselle » que la défense est faible, Hentz restant perpétuellement à côté de la question ; on formulait contre lui des accusations précises ; il répondait par des généralités sur la conduite des armées (2).

Lorsque Carrier fut jugé à la Convention le 24 octobre 1794 (3 frimaire) Hentz était absent ; c'était sans doute une absence diplomatique. Mais il avait fort à faire en ce moment ; le Comité de Sûreté générale et le Comité de Salut public s'occupaient de lui. Un gros dossier de dénonciations à son sujet

(1) Imprimé par ordre de la Convention nationale. Paris, vendémiaire, l'an III, 38 pp. petit in-8°. (Notre collection.)

(2) Carrier l'avait, paraît-il, surnommé « le petit noyeur ». Hentz avait déclaré à la Société populaire de Nantes que, s'il avait été à la place de Carrier, il aurait agi comme lui. Il prit cependant devant la Commission des Vingt-et-Un la défense des adjudants-généraux d'artillerie Lamberty et Fouquet, accusés d'avoir « soustrait au glaive de la loi des femmes contre-révolutionnaires ». (FLEURY, *Carrier à Nantes*, p. 261, 470, etc. — Alf. LALLIÉ, *J.-B. Carrier, représentant du Cantal à la Convention, 1791-1794*. Paris, 1901, p. 284.)

existe aux Archives nationales. Signalons celle de la Société populaire de Porrentruy (Mont-Terrible) de frimaire an III (novembre–décembre 1794) (1)

Hentz rendit ses comptes le 11 février 1795 (23 pluviôse an III). Il en résulte qu'il avait touché peu de chose : nous avons déjà emprunté des chiffres à ce mémoire ; nous résumerons ici les autres indications qu'il contient : Pour sa mission dans le Nord, en frimaire an II, il toucha 3.436 livres, et parcourut tout le département. — Il reçut 5.000 livres pour sa mission dans l'Ouest, du 22 pluviôse au 13 floréal, 6.910 livres pour sa mission aux armées du Rhin et de la Moselle, du 1er prairial au 26 thermidor.

Il terminait en disant qu'il n'avait jamais établi aucune taxe révolutionnaire et qu'il ne s'était pas enrichi. Cette deuxième partie, tout au moins, était vraie.

Les recherches durèrent longtemps ; ce fut seulement en germinal an III que le Comité de Salut public déposa son rapport ; il concluait à la mise en accusation d'un certain nombre de conventionnels : Bayle, Thuriot, Cambon, Granet, Hentz, etc. Le 16 germinal (5 avril 1795) la Convention décréta leur arrestation (2).

Hentz avait disparu ; le 29 germinal, la Convention ordonnait aux Conventionnels fugitifs « de se constituer prisonniers dans les communes où ils se trouveraient », sinon ils seraient recherchés et saisis.

(1) Arch. nat., D. III, 348. Dossier Hentz. Cette lettre porte la mention qu'elle a été reçue le 4 nivôse an III (24 décembre 1794).

(2) Almanach des gens de bien pour l'année 1797. Paris, s. d In-18. (Bibl. nat. L. c. 22-34).

Mais les accusés se soucièrent peu de cet ordre. Hentz resta introuvable (1).

Pendant ce temps, sa famille et ses amis étaient à Sierck l'objet de petites vengeances ; son beau-frère, ex-juge de paix, et François Perrot, ex-greffier du juge de paix, furent portés sur la liste des citoyens à désarmer comme ayant participé à la Terreur. On leur reprochait surtout leur correspondance avec le conventionnel. Un nommé Letixerant, d'abord porté sur la même liste pour « avoir eu des entretiens avec Hentz » en fut cependant rayé (2).

Alors se produisit un incident curieux : le 14 mai 1795 (25 floréal) la citoyenne Hentz écrivit à la Convention pour réclamer les indemnités dues à son mari (3). Celle-ci renvoya la pétition au Comité de Sûreté générale pour faire un rapport sur les motifs de refus. Nous savons que Hentz ne s'était pas enrichi dans ses différentes missions. Les comptes de pluviôse en font foi (4). Sa femme était donc fondée à réclamer les indemnités qui n'étaient pour ainsi dire que des restitutions. Mais Hentz était en fuite (5) ; c'était un motif majeur de refuser ; d'ailleurs, les

(1) A cette époque naquit à Argenteuil son fils, Nicolas-Marcellin (Minutes Straus, notaire à Sierck, acte de 1819). Nous n'avons pu retrouver son acte de naissance aux archives d'Argenteuil, près Paris.

(2) Reg. XI des délibérations de Sierck, p. 3ᵛᵒ.

(3) Procès-verbaux de la Convention.

(4) Cependant Monin (cité p. 151) prétend que Hentz, en 1794, voulait acheter un fonds de 126.000 livres avec l'argent provenant de ses gabegies !

(5) En juillet 1795. Il fut sauvé par le général Jordy, dont le quartier général était à Blodesheim, près Huningue, et qui avait reçu l'ordre de l'arrêter. Hentz se cacha dans son arrondissement militaire, à Ensisheim. (Comm. de M. Henry Poulet.)

gens ruinés par ses mesures ultra-révolutionnaires ne pouvaient-ils pas réclamer aussi ?

Le 30 mai 1795 (11 prairial), les habitants de Kusel firent une réclamation de ce genre ; dans leur pétition, ils exposaient une telle détresse que la Convention voulut avoir sur ce sujet un rapport dans les trois jours. Le Comité des Secours devait s'en occuper, mais les pauvres gens qui étaient venus apporter la pétition n'avaient pas même de quoi retourner dans leur pays ; le Comité des Secours devait le leur fournir dans ce but.

Le 10 juin 1795 (22 prairial), ce sont les habitants de Sedan. qui accusent Hentz et Bô d'avoir à ce point terrorisé la ville que personne n'aurait osé, à ce moment, les dénoncer. Bien mieux, leurs partisans avaient, après leur départ, conservé une telle influence que leurs successeurs Massieu et Leveau « eussent succombé s'ils avaient entrepris de dire la vérité ». — Le 5 août 1795 (18 thermidor), c'est la commune d'Edesheim, qui réclame une indemnité, et dénonce Hentz.

Il faut évidemment faire la part des exagérations communes à toutes les réactions. Notre personnage resta prudemment caché, jusqu'à l'amnistie du 4 brumaire an IV (26 octobre 1795) qui lui rendit sa liberté d'action. Il revint alors à Sierck revoir sa belle-mère (1) et y chercher ses enfants. Il y fut mal accueilli par la population ; les haines locales n'avaient pas désarmé.

(1) M⁻⁻ Cath. Daubrée, née Tailfer, mourut à Sierck le 28 novembre 1804 (7 frimaire an xiii).

CHAPITRE VIII

Le rôle brillant était bien fini. La Révolution ne devait plus revenir aux idées de la Montagne. Tout d'un coup, Hentz n'était plus dans le mouvement.

D'autres eurent le talent de suivre les événements, ils surent conserver leurs positions. Hentz trop engagé avec les terroristes, fatigué peut-être, resta comme un meuble démodé ; il n'aurait trouvé de place dans aucun parti. Il abandonna la politique.

Nous le perdons de vue jusqu'en 1799 : il n'avait pas intérêt à se montrer ; car on ne fut guère tendre de 1795 à 1799 pour les Jacobins. Il vécut dans une retraite obscure ; pourtant, jeune encore, que d'ambitions ne pouvait-il pas avoir !

Le 3 août 1799 (16 thermidor an VII), il fut nommé receveur des actes judiciaires et des domaines (receveur d'enregistrement pour les fermages et actes judiciaires) dans le département du Nord, dont le chef-lieu était Douai. C'est dans cette ville, rue d'Arras, que Hentz exerça ces fonctions du 7 septembre 1799 (21 fructidor) au 20 mai 1803 (10 prairial an XI (1).

(1) Annuaire statistique du département du Nord pour l'an XI (1802-1803), par L. Bottin. Douai, in-12.. — Etat général du dépar-

11

Il quitta cette place, nous ne savons pour quelle raison, et essaya de faire du commerce.

Il dut cependant résigner son emploi de plein gré ; car, en 1811, il se flattait près de sa famille d'avoir conservé d'excellentes relations dans l'administration (1).

De 1803 à 1811, l'ancien conventionnel, devenu commerçant à Versailles, se consacra à l'éducation de ses enfants. Son fils aîné, Jean-Nicolas-Richard, était entré au service militaire en 1806 ; il fit de nombreuses campagnes. En 1811 il était sous-lieutenant en Espagne et dans ses lettres à ses parents il se plaignait de cette interminable guerre d'embuscades.

En 1812 nous retrouvons Hentz dans l'administration. Il est à Neüenhaus ou Nienhuys, une des sous-préfectures du département de la Lippe, contrôleur principal des Droits réunis (2). Le pays était nouvellement annexé, il fallait tout organiser, et la comptabilité était énorme; déjà vieux, il désirait une situation plus paisible. Il songeait à demander un emploi analogue dans l'intérieur de la France.

Pendant ce temps, son fils aîné avait obtenu l'autorisation de rentrer en France avec de l'avancement. Il était à Lorient, au dépôt de son régiment. Comme ses brillants états de service (3) lui donnaient droit à

tement du Nord pour l'an IX (1800-1801) de la République. Douai, s. d. in-12. — Archives de la Direction générale de l'enregistrement à Lille.

(1) Lettre de Hentz du 6 février 1811. Notre collection.

(2) Almanach impérial de 1812.

(3) Entré au service le 9 novembre 1806 aux Vélites, grenadiers à pied, il passa sous-lieutenant le 9 mai 1809 au 47ᵉ régiment, lieutenant le 1ᵉʳ juillet 1812, capitaine le 16 octobre 1813 au 36ᵉ de ligne,

un emploi dans les administrations, et que sa santé était fort éprouvée, son père lui conseillait de demander la réforme (1). Il ne quitta néanmoins le service qu'à la chute de l'Empire.

Hentz avait conservé près de lui à Neuenhaus son troisième fils, Marcellin, qui lui tenait lieu de commis.

L'espérance du fonctionnaire fut bientôt réalisée ; car en octobre 1813 il était à Paris employé dans les bureaux d'un ministère (2).

Nous savons peu de chose sur son existence à cette époque ; mais les événements de 1814 l'atteignirent comme tant d'autres, et il se trouva, une fois de plus, dans la nécessité de gagner sa vie. Ne pouvant rester dans l'administration, il se retira d'abord à Beauvais (3), puis à Neuilly-sur-Seine, où il dirigea quelque temps un pensionnat sous le nom d'Arnould.

Nous avons dit, au début de cette étude, l'intérêt qui s'attache à ce changement de nom.

Un rapport de police d'ailleurs postérieur de plus d'un an, dit que Hentz prit alors le nom de sa femme (4). En réalité, il reprit son véritable nom patronymique. Il semble assez difficile d'admettre une substitution de nom, avec les formalités qui

capitaine le 13 avril 1815 au 5ᵉ régiment des Voltigeurs de la garde. Mis en non activité en 1815, il est démissionnaire le 15 décembre 1815. Campagnes : 1806 et 1807 Prusse et Pologne, 1808 Espagne, 1809 Autriche, 1809 à 1812 Espagne et Portugal. (Ministère de la Guerre. Archives historiques).

(1) Lettre de Hentz du 23 novembre 1812. Notre collection.

(2) Lettre de son cousin, Serdat, maire d'Ottweiler. Notre coll.

(3) BONNAL DES GANGES, II, p. 202.

(4) Archives nationales, dossier Hentz, F7 6713.

entouraient — et qui entourent encore — la fonda-
tion d'une institution. Nous aimons mieux croire que
l'ancien conventionnel, à cette époque de « terreur
blanche » voulut tout simplement faire oublier le
Jacobin, pour ne laisser subsister que l'ancien avocat,
le lettré, auteur de mémoires juridiques d'avant 1789.

Cet artifice innocent ne sauva pourtant pas le révolutionnaire de la proscription.

Atteint par la loi contre les régicides du 8 juillet
1815 (1), il dut de nouveau s'effacer ; quelle tristesse
encore, après plus de vingt ans de retraite, de voir
reparaître ce passé, brillant sans doute, mais compro-
mettant ! Le malheureux chef d'institution connut
derechef les douleurs de la délation, et, cette fois,
il ne trouva de salut que dans l'exil. La Révolution
avait été clémente ; l'*ordre* fut plus sévère ; après
être resté quelques mois à Neuilly, il s'expatria.
Il envoya à Sierck un de ses fils, en septembre 1815,
demander 3.000 francs à son beau-frère Bettinger,
pour assurer sa fuite. C'était là qu'en était réduit celui
qui avait contribué, avec Carnot, à organiser la victoire ! Le dernier document portant sa signature en
France est une lettre adressée de Neuilly, le 15 novembre, à Bettinger, pour lui accuser réception de
la somme et lui annoncer sa résolution de fuir pour
toujours la patrie devenue inhabitable (2).

La mort dans l'âme, il s'embarqua au Havre le
29 décembre 1815. Il se trouvait sur le paquebot, en

(1) Et non pas par la loi du 12 janvier 1816. Grande Encyclopédie,
article d'Étienne Charavay.

(2) Catalogue d'autographes d'Étienne Charavay, n° 77 du 13 mai
1889.

compagnie de quelques proscrits, et aussi de Lakanal qui partait librement. Sa femme et ses enfants avaient voulu partager son exil, sauf un fils, qui, à Paris, s'était établi éditeur-imprimeur de musique.

Hentz dût rester quelque temps en Angleterre; car, dans une lettre postérieure adressée à sa famille, il dit qu'il est arrivé à New-York le 15 mars 1816 après six semaines de traversée; il aurait donc quitté l'Europe le 1er février. Arrivé en Amérique, il se heurta à de graves difficultés; les Etats-Unis étaient peu accueillants pour les révolutionnaires exilés; ils avaient eu fort à se plaindre des Français officiellement envoyés chez eux, et avaient énormément souffert du blocus continental. De plus, Hentz ne savait pas l'anglais, et personne ne comprenait le français dans son cercle d'arrivée.

Pourtant, comme Caton apprenant le grec, il se mit, à 65 ans, à apprendre l'anglais; puis, il parvint à s'établir manufacturier de tabac à Berwick, chef-lieu du comté de ce nom, à 45 lieues de New-York.

En 1818, il avait transporté sa manufacture à Wilkesbarre (Luzern County) sur la Susquihamah, en Pensylvanie. Il y faisait d'assez bonnes affaires, et vivait comme un patriarche (1).

En 1829, il était encore vivant; la dernière lettre que nous connaissons de lui est du 18 avril de cette année, et c'est un document touchant; il écrit à son beau-frère et à sa belle-sœur, encore vivants à Sierck, et se laisse aller au charme des souvenirs, vieux de 37 ans ! Il garde pourtant quelque rancœur du mau-

----

(1) Lettre du 23 octobre 1818, 4 pp. in-4°. Notre collection.

vais accueil qu'on lui avait fait dans cette petite ville en 1795, quand il y revint chercher ses enfants; mais il est plein de reconnaissance pour le prêt de 3.000 francs que Bettinger lui avait consenti à son départ de France, et qui lui a permis de s'établir en Amérique

Il jouit, dit-il, d'une vie douce et d'une aisance qu'il n'a jamais connues en France; il fait le plus grand éloge de son pays d'adoption; mais il sent le poids de ses 76 ans, il a perdu un œil et celui qui lui reste est bien faible; il va à la pêche, il cultive son jardin, où il regrette de ne pas voir pousser la bonne quetsch de Lorraine! « Les événements passés ne me laissent pas de regret : j'ai la consolation d'avoir fait ou voulu tout le bien qui était en mon pouvoir. Je commence à m'apercevoir que le temps qui use tout, dissipe les nuages que la prévention et les mensonges de quelques voleurs publics, tels qu'un Merlin de Thionville, avaient amassés sur ceux dont la conduite désintéressée faisait la censure de la leur. »

Même à 76 ans, Hentz n'a pas cessé d'être un philosophe, un profond observateur; cette dernière lettre abonde en traits caractéristiques; il a bien jugé la vie américaine, et avec sa prodigieuse faculté d'adaptation, il a tiré le meilleur parti possible de sa situation nouvelle. C'est dans les revers que la valeur individuelle se décèle le mieux; Hentz était un homme de grande valeur. Ses succès industriels en Amérique valent ses victoires dans le Nord et en Palatinat. Carnot avait bien choisi, et ce merveilleux réveil de personnalité, chez un vieillard exilé, en est la meilleure preuve.

Hentz finissait donc comme un sage ; il avait près de lui son fils aîné, non marié, « Je ne sais, dit-il, il ne sait pas lui-même pourquoi », qui avait, merveilleusement réussi en montant une fabrique de ferblanterie (1).

Sa fille, Fifine, divorcée de son mari, « riche marchand de Pittsbourg, ancien colon de St-Domingue, ex-noble et vieux grognon », qui lui versait une pension et qui avait la charge d'un des fils, venait de temps en temps voir ses parents, quoique séparée d'eux par plus de cent lieues. Avant son mariage, elle faisait de la broderie et de la couture (2).

Son autre fils, Victor, marié à Agathe Jouve, avait d'abord essayé de vendre des éditions de musique à Paris (3) ; il n'évita la faillite qu'en rendant son fonds à son beau-père (4) et rejoignit seul en mars 1829 ses parents pour s'associer à la ferblanterie de son frère aîné. Il revint cependant à Paris sans avoir amassé fortune dans le nouveau monde et il mourut journalier — demeurant rue des Trois-Bornes, n° 19, 6e arrondissement — parvis Notre-Dame, n° 4, 9e arrondissement (5), le 31 octobre 1844. Sa femme ainsi que ses deux enfants lui survécurent (6).

(1) Mentionné dans les listes d'impôts de Wilkesbarre en 1818 et 1819, il payait 100 dollars. Il a dû mourir célibataire.

(2) Lettre de Hentz du 18 avril 1829, 3 pp. in-4°. Notre coll.

(3) Le 1er février 1819, il passe à Sierck, en son nom et en celui de ses frères et sœur, la vente de la maison Daubrée en faveur de ses oncles, Nicolas Bettinger et Pierre-Henry Dinot. (Minutes Straus, notaire à Sierck.)

(4) J. Jouve, marchand luthier au Palais-Royal, Galerie de pierre, 96-98 (Bottin, 1816-1818).

(5) Sans doute l'Hôtel-Dieu.

(6) Pierre-Victor, bijoutier, quai Jemmapes, 62, né le 24 mars 1814 à Paris, où il mourut le 14 mars 1854, au domicile de sa mère, 4,

· Son fils cadet, Nicolas-Marcellin, qui avait quitté la France avec ses parents, habita un certain temps Philadelphie où il vécut de son talent de portraitiste (1). Il épousa en 1821 Caroline-Lee, fille du général américain John Whiting, née à Lancaster, près Boston (Massachusetts), en 1804 et morte à Marianna (Floride), le 11 février 1856 (2). Après son mariage, il fut professeur de langues modernes, successivement à l'Université de la Caroline du Nord (1829), dans le Kentucky, l'Ohio et l'Alabama. Dans ce dernier état, à Florence, les époux Hentz fondèrent une académie pour jeunes filles qui prospéra et qui fut transportée à Tuscaloosa (Alabama) en 1843, à Tuskegee en 1845, à Columbus (Georgia) en 1848.

Ils laissèrent deux garçons sur lesquels nous n'avons rien pu découvrir.

rue de Thorigny, et Virginie-Zoë, née en 1816 à Paris, y décédée, couturière demeurant aux Ternes (Seine), rue des Dames, n° 2, le 14 février 1848, rue du faubourg du Roule, 54 (hôpital Beaujon), après avoir été mariée à Saint-Roch, le 24 août 1847 à Jean Tixier, maréchal-ferrant.

(1) Le portrait de sa femme en miniature peint en 1852 est cité dans John S. Hart, Female prose writers of America. Philadelphie, 1852.

(2) Mme Hentz débuta dans les lettres par une tragédie qui obtint le prix dans un concours. De 1843 à 1854, elle composa un assez grand nombre de nouvelles et de romans ; Aunt Patty's Serap Bag ; The Mob Cap ; Linda ; Rena or the Snow Bird ; Eoline or Magnolia Vale ; the Planter's Northern Bride, en 2 vol., le plus long de ses romans (1854), etc. (Grande Encyclopédie. — Hœffer, Nouvelle biographie générale, t. 23 (Paris, 1877), p, 232. — Dictionnaire de Robinet.

TABLE DES MATIÈRES

Nancy. — Impr. Crépin-Leblond, 21, rue Saint-Dizier. — 2116

IMPROBVS
LABOR
OMNIA
VINCIT